Kontaktadresse nach EU-Produktsicherheitsverordnung:
produktsicherheit@droemer-knaur.de

KNAUR

Über die Autorin:

Melody Beattie wurde 1948 in Minnesota geboren. Ihre Bücher sind Klassiker der Lebenshilfe-Literatur. Gerade wegen ihrer zahlreichen persönlichen Schicksalsschläge gilt sie als authentische und warmherzige Vermittlerin wirksamer Hilfe zur Selbsthilfe. Melody Beattie lebt heute in Kalifornien.

www.melodybeattie.com

Melody Beattie

Liebe, was du hast, dann bekommst du, was du willst

Ein Workshop in Wundern

Aus dem Amerikanischen
von Michael Schmidt

KNAUR

Die amerikanische Originalausgabe erschien 2010 unter dem Titel
»Make Miracles in Forty Days« bei Simon & Schuster.

Besuchen Sie uns im Internet:
www.knaur.de
Alle Titel aus dem Bereich MensSana finden Sie
im Internet unter: www.mens-sana.de

Deutsche Erstausgabe April 2012

Published by arrangement with the original publisher,
Simon & Schuster, Inc.

Redaktion: Dr. Martina Darga
Umschlaggestaltung: ZERO Werbeagentur, München
Umschlagabbildung: FinePic®, München
Satz: Andrea Mogwitz, München
Printed in Germany
ISBN 978-3-426-87616-9

11 10 9 8

Inhalt

Ob Sie acht oder achtundneunzig sind,
voller Selbstvertrauen oder niedergeschlagen,
verloren, verwirrt oder verängstigt –
dieses Buch ist genau das richtige für Sie.

Einführung

Was ist ein Wunder?

Von einem Wunder sprechen wir normalerweise, wenn etwas geschieht, das wir nicht selbst erschaffen, kontrollieren, planen oder vollbringen können – unabhängig davon, ob wir Willenskraft, Stärke, Spiritualität, Geld oder sonst welche Ressourcen einsetzen. Doch im Grunde sind Wunder nichts Übernatürliches. Sie ereignen sich als natürliche Reaktionen des Lebens, wenn wir universale Gesetze anwenden, also die ungeschriebenen Regeln, die die Natur, die menschliche Psyche, die Menschheit, die Spiritualität und die Welt bestimmen. Wie viele und wie große Wunder wir auch vollbringen möchten, uns ist alles möglich. Wir können in beinahe jeder Situation Wunder vollbringen, und es gibt auch keine Altersgrenzen.
Damit es aber wirklich Wunder sind, müssen die Probleme oder Situationen, die wir ändern wollen, so beschaffen sein, dass wir sie, nur auf uns gestellt, nicht mehr lösen oder ändern können.

Das Wunderbuffet

Es gibt viele Arten von Wundern. Wunder können aufregend und großartig oder sehr subtil sein. Mit meiner Wundermethode können Sie bislang unlösbare Probleme früher oder später lösen. Oder Ihre Wahrnehmung verändert sich, und mit Umständen, die Sie zuvor nicht ertragen konnten, können Sie fortan gut leben. Sie erfahren eine Gnade, die Ihre Qual neutralisiert. Sie finden Trost in Ihrem Leben. Ihnen genügt, wer Sie sind und was Sie haben, und Sie sind überraschend zufrieden. Ein besseres Leben kann es für Sie nicht geben.

Dank der Wundermethode kann Vergebung an die Stelle von Verbitterung treten. Das mag uns nicht als viel erscheinen, doch Ressentiments können uns daran hindern voranzukommen. Bitterkeit ist das größte Hindernis, das der Freude und all dem, was wir vom Leben wollen, im Wege steht. Groll kann den oder die Menschen, denen wir grollen, verletzen, doch am meisten verletzt unser Groll uns selbst. Manchmal sind wir außerstande oder nicht willens, Ressentiments loszulassen. Aber wenn sich diese Ressentiments schließlich auflösen, dann können wir das Gefühl haben, als wären wir aus einem Gefängnis entlassen worden. Das bewusste Loslassen von Verbitterung bewirkt, dass wir in Bereichen vorankommen, in denen wir uns zuvor festgefahren hatten.

Wunder gehören dem Bereich des Spirituellen an, doch sie haben nichts mit irgendwelchen Konfessionen oder Religionen zu tun. Sie unterscheiden oder werten nicht. Sie sind für alle da, genau wie die Sonne. Auch wenn ich aus Achtung vor den Menschen deren Namen geändert habe, sind die Geschichten, die Sie hier lesen werden, wahre Lebensberichte; kein Bericht ist fiktiv oder zusammengestrickt. Diese Geschichten bestätigen, was ich seit 1978 weiß: Jeder von uns kann Wunder vollbringen, die uns und unser Leben verändern.

Halten Sie die Wundermethode vierzig Tage lang durch. Wenn Ihr Wunder dann noch nicht eingetreten ist, machen Sie so lange weiter, bis sich langsam eine Veränderung einstellt. Danach fahren Sie mit der Methode fort, bis Ihr Wunder vollständig ist. Wenden Sie die Methode an, sooft Sie wollen: wenn das Leben weh tut und Sie den Schmerz nicht lindern oder beenden können; wenn ein Problem immer wieder auftritt, was auch immer Sie dagegen tun; wenn Sie sich schier zerreißen, um eine Entscheidung zu tref-

fen, sich aber festgefahren haben. Diese Methode hilft in vielen Situationen, etwa wenn Sie nicht aufhören können, etwas zu tun, was nicht gut ist, oder wenn Sie einen anderen Menschen nicht daran hindern können, Ihnen etwas anzutun.
Die Wundermethode können Sie gar nicht übertreiben. Sie unterstützt Sie darin, gegenwärtig, dankbar und bewusst zu bleiben, und dafür genügen täglich zehn Minuten.
»Ich kann mich nicht entscheiden, welches Wunder ich vollbringen soll«, erklärte mir ein Mann. »An Wundern mangelt es nicht«, erwiderte ich. »Sie können mehr als eins haben.«

Was Sie erwarten können

Wenn Sie die Wundermethode praktizieren, werden Sie zunehmend bewusster leben. Manche Menschen wollen ständig mehr, ungeachtet dessen, wie viel sie bereits haben. Vielleicht erkennen Sie, dass Sie bereits genug besitzen. Diese einfache Methode hilft Ihnen, im Leben gegenwärtiger und damit auch liebevoller zu sein. Manche Menschen meinen, Liebe bedeute, etwas von jemandem zu wollen und zu bekommen. Andere dagegen, wie der spirituelle Lehrer Eckhart Tolle, erklären, dass Liebe heißt, sich der anderen bewusst zu werden und für sie wirklich da zu sein. Genau diese Einstellung und Verhaltensweise kann uns die Liebe bringen, nach der wir suchen. Nach und nach wird aus den Illusionen einer romantischen Märchenliebe oder aus einer co-abhängigen, auf Bedürfnissen basierenden Beziehung wahre Liebe. Wenn wir das verinnerlicht haben, werden wir in Bezug auf Liebe und Romantik gefestigt sein. Wir werden aufhören, verzweifelt nach jemandem zu suchen, der uns glücklich macht. Wir werden keine Rollen mehr erfinden, die andere Menschen ausfüllen sollen, wie ein Arbeitgeber, der Bewerbungen ausschreibt.

Wir werden aufhören, Menschen zu benutzen wie Medikamente, die unsere Ängste stillen sollen. Wir werden frei sein, die Liebe zu genießen, sogar die romantische Liebe.

Das kann das Wunder sein, das wir uns wünschen: eine gesunde romantische Beziehung. Unser Verlangen, in einer Beziehung zu sein, wird dann aber nicht mehr durch aberwitzige Bedürfnisse getrübt, sondern wir werden erfahren, was wahre Liebe heißt. Doch wir müssen sicher sein, dass wir zufrieden sind, unabhängig davon, ob wir eine Beziehung mit diesem Menschen haben werden oder nicht. Wenn wir das lernen, werden wir Menschen anziehen, so wie Honig die Bienen anlockt. Das heißt nicht, dass wir Menschen ändern können. Wir bekommen sie, »wie sie sind«. Aber uns wird eine Kraft verliehen, die uns ganz und gar überrascht, weil sie uns lehrt, universale Gesetze mehr zu respektieren. Dadurch werden wir besser begreifen, wie dieses Universum funktioniert.

Manche Menschen haben gelernt, dass sie nur durch Manipulation das bekommen, was sie wollen, doch »unrecht Gut gedeihet nicht«. Wenn wir uns auf einem spirituellen Weg befinden, sollten wir diese Taktik nicht anwenden. Was durch Manipulation gewonnen wurde, ist gestohlen, es gehört uns nicht. Was uns jedoch die Wundermethode schenkt, wird wahrhaft uns gehören. Manche Dinge werden uns so sehr gehören, dass es unmöglich ist, sie wieder loszuwerden. Das Leben nimmt nichts zurück. Ich habe einmal versucht, etwas zurückzugeben, was ich bekommen hatte. Denn ich glaubte, ich würde es nicht verdienen. Aber es hat nicht funktioniert. Wenn das Leben uns etwas gibt, lehrt es uns, das anzunehmen – was auch immer es ist, es gehört uns.

Wir benötigen Zeit, bis es uns gelingt, die universalen Gesetze anzuwenden und das erfüllte Leben zu erschaffen, das wir anstreben, statt uns selbst zu manipulieren oder zu benachteiligen. Noch mehr Zeit ist notwendig, bis wir die empfangenen Gaben auch genießen können. Wir lernen, auf dem schmalen Grat zu wandeln, weder aus Co-Abhängigkeit alles zu verschenken, noch alles ängstlich für uns selbst zu horten. Zu lernen, das zu akzeptieren, zu schätzen und zu genießen, was wir erschaffen und was uns gegeben wird, ist wie jede andere Lektion: Sie dauert so lange, bis wir sie wirklich verstanden haben.

In welcher Situation wir die Wundermethode auch anwenden, sie wird uns zu besseren und freundlicheren Menschen machen. Sie inspiriert uns, zu einer positiven Entwicklung der Welt beizutragen. Wir lassen das Geben und Nehmen auf natürliche Weise geschehen. Wir verlangen nicht mehr als das, was wir brauchen, und wir geben auf eine gesunde Weise. Der Raum um uns wird sich mit Frieden, Bewusstsein und Liebe füllen. Wir wissen, dass es nicht funktioniert, Menschen zu kontrollieren. Aber wenn wir unser Ego außen vor lassen, wird uns diese Methode dabei helfen, die Welt auf eine natürliche Weise zu verändern und Menschen zu verwandeln – einfach, indem wir wir selbst sind und Nachgeben, Akzeptanz, Mitgefühl und Liebe praktizieren.

Manchmal ist das erwünschte Wunder etwas Materielles. Lehnen Sie ein Verlangen nicht als unwichtig ab, ob es nun um Geld, ein Auto oder ein Haus geht. Die Chancen stehen gut, dass Sie bekommen, was Sie wollen, besonders wenn Sie geduldig sind. Wenn Sie diese Methode anwenden, ereignen sich ganz verschiedene Arten von Wundern – es können materielle Wunder sein oder Freundschaften oder einfach eine Änderung in der alltäglichen emotionalen Gestimmtheit. Viele Menschen sind bereits jahrelang deprimiert, zornig, verbittert oder abgestumpft. Für sie sind solche Gefühle ganz normal. Wenn dann aus diesen »normalen« Gefühlen ein angenehmeres Gefühl wird, kann ihnen das unbehaglich vorkommen. Sie fühlen sich fremd, besonders dann, wenn die unangenehmen Gefühle schon lange andauern.

Sind Sie bereit, eine Zeitlang unbehagliche Gefühle auf sich zu nehmen, um Ihr Wunder zu bekommen? Sind Sie bereit, zehn Minuten täglich bei der Wundermethode Ihr Bestes zu geben, solange dies erforderlich ist?

Die Wundermethode bewirkt noch eine weitere Veränderung: Wir haben keine Angst mehr davor, zu sein, wer wir sind. Wir fühlen auf einmal genau das, was auch immer wir tatsächlich fühlen, und wir sagen, was wir sagen müssen. Wir gewinnen die Fähigkeit, uns selbst authentisch darzustellen. Das ist nicht nur ein echter Segen für Menschen, die auf einem kreativen Gebiet tätig sind, sondern für alle Menschen, in welchem Bereich auch immer sie arbeiten.

Anfangs kann uns diese Methode wirklich euphorisch machen, denn es scheint einfach alles möglich zu sein. Die Grenzen, die wir uns selbst gesetzt haben, werden aufgehoben, sie verschwinden. *Und wenn ich nun wirklich haben oder tun könnte, was ich will?,* denken wir. Indem wir uns entspannen, öffnen wir uns dafür, die Gaben des Lebens zu empfangen. Wir fühlen uns nicht mehr benachteiligt und wertlos. Gewiss, es gibt tragische Dinge, doch allmählich erkennen wir, dass auch gute Dinge geschehen.

Wir alle haben mit sehr verschiedenartigen Situationen zu tun, und in manchen Situationen können uns auch gewisse Grenzen gesetzt sein. Insofern brauchen wir unterschiedliche Wunder, und nicht jedes Wunder ereignet sich sofort. Vielleicht wird sich erst nächste Woche, nächsten Monat oder nächstes Jahr eine Änderung einstellen. Doch je länger wir die Wundermethode praktizieren, desto mehr lernen wir, sie unserer persönlichen Situation anzupassen und all das herbeizuführen, was wir brauchen.

Das Wunder kann darin bestehen, dass wir Klarheit gewinnen oder eine Lehre empfangen, die uns ermöglicht, eine Entscheidung zu treffen. Unsere Art und Weise, Entscheidungen zu treffen, kann sich ändern, insbesondere in schwierigen Situationen.

Statt in Qual und Unentschlossenheit zu verharren, begreifen wir nun, dass es in Ordnung ist, uns zu entspannen. Denn wenn es so weit ist, werden wir schon wissen, was wir tun müssen, und wir werden fähig sein, es zu tun. Wir verstehen, dass wir Antworten, die wir nicht bekommen können, gar nicht brauchen, und wir müssen keine Wahl treffen, die wir nicht treffen können. Wir wissen auch, dass manchmal eine Entscheidung darin besteht, keine Entscheidung zu treffen.

Die Wundermethode hilft uns, Vertrauen zu gewinnen, in uns selbst, ins Leben und in das Höchste Bewusstsein (als das wir Gott verstehen, der in allem ist und mit dem wir eins sind). Die vage Hoffnung, irgendeine ferne Kraft werde sich schon um uns kümmern, wird durch die Gewissheit ersetzt, dass wir die ganze Zeit von einer Kraft geleitet werden, die Liebe heißt.

Wir vertrauen dieser Macht und dem Leben, aber wir wissen, dass uns das keine Immunität gegen Schmerzen garantiert. Wir wissen auch, dass es sicherer ist nachzugeben, als kontrollieren zu wollen. Es ist nur zu unserem Besten, jeden Widerstand aufzugeben. Manchmal brauchen wir einen Anstoß, damit wir uns bewegen, doch niemals sollten wir uns zwingen. Es entsteht die Möglichkeit zu einem wirklichen inneren Frieden. Das bedeutet nicht, dass wir die ganze Zeit vollkommen friedlich sind. Jeder von uns hat schlechte Tage. Doch der Dualismus beginnt zu schwinden, ebenso das Bewerten. Wir geben allem nach, was wir fühlen und was sich ereignet. Ohne Wertung lassen wir jedes Ding, jedes Ereignis, jeden Tag und jedes Gefühl so sein, wie es ist.

Eine Richtigstellung

Ich bin kein Guru, ich bin Autorin. Ich behaupte nicht, dass die Wundermethode Sie heilen wird, wenn Sie krank sind. Wenn Sie eine Krankheit haben, dann lassen Sie sich medizinisch behandeln. Wenn Sie Zahnschmerzen haben, gehen Sie zu Ihrem Zahnarzt. Verschaffen Sie sich jede professionelle Hilfe, die Sie brauchen, und dann können Sie zusätzlich auf die Wundermethode zugreifen.

Ich kann Ihnen nicht versprechen, dass Sie alles bekommen, was Sie sich wünschen, selbst wenn Sie die Methode perfekt anwenden. Doch wenn Sie die Wundermethode so gut praktizieren, wie es Ihnen möglich ist, werden Sie sich und Ihr Leben ändern. Die Veränderungen können sofort erfolgen oder aber Monate oder sogar Jahre brauchen. Sie könnten in einer plötzlichen Erleuchtungserfahrung verwandelt werden. Oder die Veränderungen können sich allmählich vollziehen, und Sie merken gar nicht, dass etwas geschieht, bis Ihnen das Wunder eines Tages plötzlich klar wird. Genauso erging es mir mit meinem ersten Wunder. Ungeahnte Kräfte rissen mich hoch, trugen mich und hielten mich dann so auf Trab, dass ich gar keine Zeit hatte, über das Wunder nachzudenken, bis ich eines Tages merkte, dass sich meine Welt völlig verändert hatte.

Meine Methode wird Sie und Ihr Leben verwandeln. Veränderungen werden sich in Ihnen und um Sie herum vollziehen und auf die Menschen, die Sie lieben, abfärben. Ich kann nicht vorhersagen, was das für Veränderungen sein werden. Sie können das auch nicht. Aber ich kann Ihnen beinahe garantieren, dass Sie jeden Augenblick Ihres Lebens zutiefst schätzen werden. Sie werden wissen, dass Ihr Leben für Sie das vollkommene Leben ist. Eine simple Praxis, die zehn Minuten täglich dauert, kann für Sie das werden, was sie für mich ist: ein Licht, das Sie führt und leitet.

Ich will Ihnen nur eins versprechen: Wenn Sie Ihr Elend wiederhaben wollen, nachdem Sie die hier beschriebene Methode vierzig Tage lang praktiziert haben, dann können Sie zu Ihrer alten Lebensweise zurückkehren. Das Elend wird wieder da sein. Wenn Sie es wiederhaben wollen, gehört es Ihnen.
Mit der Wundermethode können Sie sich aber immer wieder aufrappeln, wenn in Ihrem Leben etwas nicht gut läuft oder Sie auf Abwege geraten. Sie werden aufhören, nur so dahinzuleben. Sie werden immer mehr aufblühen, unabhängig davon, wo Sie sind oder was Sie getan haben. Dem zu vertrauen, was Sie nicht kennen und was Ihnen noch nicht gezeigt wurde, wird für Sie eine akzeptable, sogar reizvolle Lebensweise. Wenn Sie bis hierhin gelesen haben, dann haben Sie bereits den Lernprozess eingeleitet, Wunder und das Leben, das Sie sich wünschen, zu erschaffen.
Die Wundermethode ist eine starke Praxis.
Dieses Buch ist nichts für schwache Nerven. Sie bekommen es hier mit viel Energie zu tun. Sie werden aufgefordert, sich täglich dem Leben zu stellen, sich auf die Mysterien des Lebens einzulassen und dann im Unbekannten zu leben.
Es kann viel leichter sein, sich darüber zu beklagen, wie elend man sich fühlt und wie schwer das Leben ist, als sich täglich zehn Minuten Zeit zu nehmen, die Wundermethode zu praktizieren. Sie brauchen schon ganz schön viel Unverfrorenheit, um etwas zu tun, das das Boot Ihres Lebens und manchmal die ganze Welt zum Schwanken bringt. Wenn Sie nicht die erforderlichen zehn Minuten arbeiten wollen, dann legen Sie das Buch jetzt beiseite. Aber bevor Sie das tun, denken Sie daran: Wenn ich es kann, dann können Sie es auch.
Am meisten profitieren Sie von diesem Buch, wenn Sie es in der Reihenfolge lesen, wie ich es geschrieben habe. Blättern Sie nicht herum, um herauszufinden, wie die Geheimformel lautet. Die Kapitel bauen aufeinander auf. Sobald ich die Wundermethode

präsentiere, ergibt alles einen Sinn. Wenn Sie ohne Vorbereitung darüber lesen, könnten Sie sie ablehnen, also bitte nicht spicken! Sie kommen schon früh genug dazu.

Übungen

Die Übungen an jedem Kapitelende sind nicht die Wundermethode, sondern gewissermaßen Aufwärmübungen. Sie sind hilfreich, denn sie bereiten Sie auf die Wundermethode genauso vor, wie das Dehnen Sie auf eine Gymnastik vorbereitet. Ihre Antworten aufzuschreiben ist besser, als nur über sie nachzudenken. Schreiben führt zu Klarheit. Außerdem können Sie dann im nächsten Jahr auf das zurückblicken, was Sie geschrieben haben, und feststellen, wie Sie sich verändert haben.

Was bedeutet das Wort *Wunder* für Sie?

Stellen Sie eine Liste von Wundern zusammen, die Sie gesehen, von denen Sie gehört oder die Sie erlebt haben.

Haben Sie jemals um ein Wunder gebeten? Glauben Sie, es sei falsch, um etwas, das Sie wollen, zu bitten, oder es sei in spiritueller Hinsicht unangebracht oder egoistisch, um etwas für sich selbst zu bitten?

Stellen Sie eine Liste von Wundern zusammen, die Sie sich gewünscht haben, um die Sie vielleicht gebeten haben, die Sie aber nicht bekommen haben. Waren oder sind Sie wütend deswegen?

Wenn Sie gleich jetzt um ein Wunder bitten und es bekommen könnten, welches wäre es? Was schmerzt Sie? Was wollen Sie tun oder bekommen, das Sie nicht allein tun oder bekommen können? Kommt Ihnen etwas so sehr außerhalb Ihrer Reichweite vor, dass Sie sich nicht vorstellen können, es zu haben, zu tun oder zu werden? Was ist das? Wieso meinen Sie, es sei so sehr außerhalb Ihrer Reichweite? Und warum wollen Sie es?

1 | Meine Wundermethode

Tiefblaue Augen in einem klassisch geschnittenen Gesicht, das von wallendem Haar umrahmt war, nahmen während des Wunder-Workshops immer wieder meine Aufmerksamkeit gefangen. Das Gesicht gehörte Sage Knight – so heißt sie wirklich –, einer Mutter, geprüften spirituellen Beraterin und Autorin (siehe Literaturhinweise). Sie schrieb auch über den Wunder-Workshop, und zwar in ihrer Kolumne »Living Well: Grace, Grief & Gratitude« (Gut leben: Gnade, Kummer & Dankbarkeit) im *Topanga Messenger*. Hier folgt eine überarbeitete Fassung ihrer Kolumne – ich hatte Sage gebeten, die Nettigkeiten wegzulassen und jeden Widerstand, alle negativen Reaktionen oder Wertungen, die sie empfunden hatte, offen auszusprechen.

Sages Kolumne

Ich hatte noch nie etwas von Melody gelesen, aber wer über sie sprach, tat dies in beinahe verehrungsvollem Ton. Als eine Freundin mich in einen Workshop einlud, der als eine Art Testgruppe für Melodys nächstes Buch dienen sollte, fühlte ich mich geehrt und sagte gern zu. Ich konnte es kaum erwarten, sie kennenzulernen, und zu hören, was sie zu sagen hatte.

Ich wartete und wartete. Wir alle warteten.

Mit zwanzig Minuten Verspätung erschien die berühmte Melody Beattie. Sie sah eher wie eine Obdachlose aus und gar nicht wie eine international gefeierte Rednerin und Autorin. Sie schleppte Kartons, aus denen Papiere quollen, während sie hereinschlurfte

und sich vor uns hinstellte. Kein Make-up; ihre Trainingshose sah aus, als hätte sie hineingemacht. Statt sich nervös oder verlegen zu geben, sprudelte sie mit einem Stich ins Vulgäre los: »'tschuldigung, dass ich so spät dran bin. Meine … Familie ist mir an diesem Wochenende auf den Wecker gegangen.«
Mir blieb der Mund offen. Was war denn das für eine Person? Worauf hatte ich mich da bloß eingelassen? Die nächste Dreiviertelstunde verbrachten wir damit, endlose Formulare auszufüllen – in zweifacher Ausfertigung. Hatte sie keinen Fotokopierer? Meine Ungeduld nahm zu, aber ich bin nun einmal hoffnungslos offen und neugierig. Etwas an ihr faszinierte mich. Im Nu machte sie meine vorgefassten Ansichten über Erfolg zunichte. Zugleich wusste ich, dass sie eine erfolgreiche Frau war. Und ich wollte haben, was sie hatte.
Nach ihrem ungewöhnlichen Auftritt konzentrierte sie sich und begann mit absoluter Präsenz zu sprechen – nach meiner Erfahrung ist dies nur mit einer tiefen Weisheit möglich, die aus einem Leben voller Schmerz gewonnen wurde. Später erfuhr ich, welchen Preis sie für das, was sie lernt, zahlen muss.
An jenem Abend wusste ich nur, dass es ihr völlig egal war, was wir von ihr hielten. Sie hatte eine Mission. Eine gelassene Entschlossenheit, ihre Gaben denen anzubieten, die willens waren, sie zu empfangen, motivierte sie zu sprechen. Dabei war ihr unwichtig, wie sie auf andere wirkte. Strahlend verließ ich an jenem Abend den Workshop und nahm zwei Schätze mit: den Freibrief, die zu sein, die ich meines Wissens bin, ohne mir Gedanken darüber zu machen, wie ich aussehe, und eine trügerisch simple Methode, die schon bald mein Leben verändern sollte.
Später bekam ich mit, wie Melody sagte, ihre Wasserflasche habe sich über sie ergossen, als sie zum Workshop fuhr. Ich erfuhr auch, dass sie zwei künstliche Knie brauchte und dass ihr Kopierer hoffnungslos verstopft gewesen sei. Von da an spielten Grün-

de keine Rolle mehr. Wäre Melody irgendwie anders in Erscheinung getreten, hätte mir ein Wunder gefehlt. Dass sie sich nicht bemüßigt fühlte, sich zu rechtfertigen, wurde mein erstes Geschenk.

Als der sechswöchige Workshop endete, empfing ich das große Wunder, um das ich seit Jahren gebetet und um das ich auch auf dem Aufnahmeformular gebeten hatte, ein privates Wunder, das ich einstweilen für mich behalte. Und ich bekam viel mehr als das. Die Praxis, die ich am nächsten Tag begann, ist in ihrer Einfachheit und ihrer Verwandlungskraft äußerst tiefgründig. Ich konnte wahrnehmen, wie ich kurz nach dem Erwachen bestimmte negative Emotionen unwillkürlich ablehnte, und erlebte nun, wie meine neuentdeckte Bereitschaft, für diese Emotionen gegenwärtig zu sein, mich befreite. Ich erlernte die Kraft, loszulassen und alles an mir selbst zu akzeptieren. Und ich erfuhr, dass eine unsichtbare Präsenz mich enorm unterstützt, mit deren Hilfe ich viel mehr schaffen kann als auf mich allein gestellt. Ich bemerkte auch, wie sehr ich mich anstrenge, an meiner starrsinnigen Vorstellung von meinem Leben festzuhalten, und dass sich Gottes Vorstellung von meinem Leben auf wundersame Weise entfaltet, wenn ich damit aufhöre, alles und jeden in hübschen kleinen Schubladen unterzubringen, und mir gestatte, meinen Kontrollwahn loszulassen. Und all das hatte ich schon vorher gewusst – in meinem Kopf. Doch nun erwachten diese Wahrheiten zum Leben.

Und zwar dank zehn Minuten täglicher Praxis.

Im Laufe der nächsten sechs Wochen erlebte ich, wie sich mein Leben von innen nach außen veränderte. Während mein Äußeres noch immer so gut wie zuvor aussieht, befinden sich wichtige Beziehungen in einem tiefen Umwandlungsprozess. Ich habe mich geändert. Ich habe mehr Mut. Die düsteren Dämonen, die sich im Dunkeln verborgen hatten, schwinden im Sonnenlicht

dahin. Seit meiner Kindheit war ich nie wieder so präsent und lebensoffen.
Nicht alles ist eitel Sonnenschein. Manche Tage sind so fürchterlich schmerzlich, dass sie mich verleiten, in meine alten Illusionen zurückzufallen. Doch dann steigt die Gnade aus meinem Herzen auf. Ich denke daran zu atmen – tief, langsam, liebevoll. Wenn ich in alle Gefühle, die in mir aufsteigen, hineinatme, bringt mich das in den gegenwärtigen Augenblick zurück.
Ich bin wieder in mir zu Hause.
Ich weiß nicht, wer morgen oder nächstes Jahr bei mir sein wird. Ich weiß nicht, wie ich meine Gaben nutzen werde, wie ich am besten dienen soll oder was eigentlich meine Mission ist. Es gibt so vieles, was ich nicht weiß. Aber endlich vertraue ich dem Unbekannten. Vor allem vertraue ich mir selbst. Ich bin für meine Emotionen da und fühle mich als liebenswerter Mensch. Jede Nacht, wenn ich meine Augen schließe, zählt nichts weiter als das. Ich bin auf einer Reise durch das Mysterium, lerne, das wunderbarste Wunder überhaupt zu empfangen und anzunehmen – mich selbst.

Das war also Sages Geschichte, und nun werde ich Ihnen meine Geschichte erzählen.

Wie ich lernte, Wunder zu vollbringen

1973, als ich vierundzwanzig Jahre alt war, verurteilte ein Richter mich dazu, entweder so lange in einer Entziehungskur durchzuhalten, bis ich clean war, oder für bis zu fünf Jahre ins Gefängnis zu wandern.
Seit meinem zwölften Lebensjahr trank ich, und mit achtzehn ging ich zu Drogen über. Diesem Richter war es egal, dass ich

einen Abschluss mit Auszeichnung gemacht hatte. Er wollte nicht wissen, warum ein scheinbar so nettes Mädchen wie ich mitten in der Nacht in Drogerien einbricht. Er sagte, ich sei für mein Verhalten selbst verantwortlich – das war etwas, was ich bis dahin noch nie gehört hatte.

Ich wollte nicht damit aufhören, Drogen zu nehmen, denn ich genoss den Rauschzustand. Als die Drogen mir kein Hochgefühl mehr verschafften, betäubten sie mich wenigstens, und so fühlte ich mich immer noch besser als ohne sie. Während meiner Entziehungskur besuchte mich ab und zu meine Bewährungshelferin. Einmal konnte ich gerade noch verhindern, dass sie mich beim Kiffen erwischte – glücklicherweise, denn schließlich wollte ich auf keinen Fall ins Gefängnis wandern.

Ich hatte seit zwölf Jahren nicht mehr mit Gott gesprochen, aber an diesem Tag fing ich wieder damit an. Ich sagte, ich wisse nicht, ob Er sich noch für mich interessiere, und ich würde gern wissen, ob es eine Therapie gebe, die mich clean machen könne. Ich hielt mich selbst für grundsätzlich geschädigt, schlecht und falsch. Damals wusste ich nicht, dass Sucht eine Krankheit ist. Dann sagte ich, wenn Gott sich noch immer für mich interessiere und wenn es eine geeignete Therapie für mich gebe, ob Er mir bitte helfen würde, sie zu finden. Ich schaute mich in meinem Zimmer um. Nichts passierte. Ich wusste nicht, was ich erwartet hatte.

Ein paar Tage später kiffte ich schon wieder. Marihuana war zwar nicht meine Lieblingsdroge, aber ich kam an nichts anderes heran. Ich zog an dem Joint. Plötzlich sah die Welt wie ein Gemälde von Monet aus. Alles ging ineinander über. Alles und jedes war miteinander verbunden. Die Welt verwandelte sich in ein ätherisches Violett. Zum ersten Mal hatte ich das Gefühl, nicht mehr high werden zu dürfen. Ich wusste, dass ich kein Recht hatte, mir das anzutun. In diesem Augenblick erkannte ich: Wenn ich nur halb so viel Energie darauf verwendete, das

Richtige zu tun, wie ich darauf verwendet hatte, das Falsche zu tun, könnte ich fast alles schaffen, was ich wollte.

Ich nahm noch einen Zug von dem Joint. Dann lief ich ins Therapiezentrum und stürzte mich mit all der Leidenschaft auf den Entzug, mit der ich mich auf den Drogenkonsum gestürzt hatte. Von einem Rückfall auf einer Halloweenparty abgesehen, auf der ich einen Schluck aus einer Whiskeyflasche nahm, war ich nun immer nüchtern. Manche Menschen würden das vielleicht ein Wunder nennen. In Entziehungskuren spricht man von einem spirituellen Erwachen. Was auch immer da geschah, ich hatte es jedenfalls nicht selbst bewirkt. Ich wurde durch die Gnade Gottes nüchtern.

Wunder zu vollbringen ist etwas anderes als erhörte Gebete, spirituelles Erwachen oder die Gnade Gottes. 1978 lehrte das Leben mich, Wunder zu vollbringen.

1975 hatte ich angefangen, in einem Drogenbehandlungszentrum in Minneapolis als Familienberaterin zu arbeiten. Damals lernte ich David Beattie kennen, einen führenden Suchtbeauftragten in Minnesota, der ständig in den Medien auftrat. Er vermochte den wildesten Psychopathen zu besänftigen, das Vertrauen von Mördern und Vergewaltigern zu gewinnen und Richter wie Bewährungshelfer zu bezaubern. Alle liebten oder mochten David – bis auf meine Mutter. Er war groß, gutaussehend, klug und humorvoll, und damit verkörperte er alles, was ich mir von einem Mann wünschte. Wir verliebten uns ineinander.

Im Dezember heirateten wir. Ich hätte nicht glücklicher sein können, als ich einen Monat später schwanger wurde. Ich mochte es, dass es in unserer Beziehung nicht bloß um uns ging. Wir beide widmeten unser Leben dem Dienst am Nächsten. Gott konnte unsere Ehe dazu nutzen, anderen Menschen zu helfen. Zum ersten Mal glaubte ich, Träume könnten wahr werden.

Doch das Leben war nicht vollkommen.

Von Anfang an hatte ich mich in Bezug auf meine Ehe unbehaglich gefühlt, aber ich redete mir ein, das liege daran, dass ich nie die Liebe einer Familie erlebt hatte.

Die anfängliche Verklärung von David verblasste, aber es dauerte lange, bis mir das klarwurde. Zuerst verschwand mein Mann hin und wieder. Er fuhr einkaufen und kam zwei Tage lang nicht nach Hause. Dann erfuhr ich, dass er es hasste, als Berater zu arbeiten. Eigentlich wollte er überhaupt nicht arbeiten. Er wollte auf die Schnelle reich werden, um nie mehr arbeiten zu müssen.

Dann erfuhr ich, dass David mich von Grund auf belogen hatte. Er war nie nüchtern geworden. Er war ein Komasäufer. Außerdem hatte er ernste finanzielle Probleme. Nach meiner Entziehungskur hatte ich hart dafür gearbeitet, wieder Kredite aufnehmen zu dürfen. Nun hatte er alles kaputtgemacht. Aber ich hatte mich dafür entschieden, ihn zu heiraten, bis dass der Tod uns scheidet. Das meinte ich auch so. Es dauerte Jahre, bis meine Realitätsblindheit nachließ. Als mir schließlich bewusst wurde, dass ich damit begonnen hatte, die Tage bis zu seinem mutmaßlichen Tod zu zählen, begriff ich, dass eine Scheidung der größte Liebesdienst wäre. Es sollten aber noch einige Jahre vergehen, bis ich tatsächlich in der Lage war, die Scheidung einzureichen. Es war ein langer, zermürbender Prozess, mich der Realität zu stellen und zu lernen, mich um mich selbst zu kümmern.

Nach unserer Hochzeit lebten wir in meiner kleinen Wohnung. Als unsere Tochter Nichole geboren wurde, zogen wir zunächst in eine größere Wohnung um, dann entschied David, ein Haus zu kaufen. Aber wir hatten kein Geld für eine Anzahlung, und unsere Ersparnisse hatte er versoffen. Er überredete mich, meine Mutter um ein Darlehen zu bitten. Sie gab es uns, und so fingen wir an, uns Häuser anzusehen, doch wir waren keine betuchten Käufer. Die schönen Häuser waren für uns unerschwinglich. Am Ende reichte es nur für ein fünfundsiebzig Jahre altes zweistöckiges Haus, das in den letzten fünfzehn Jahren vermietet gewesen war. Es war so heruntergekommen, dass es schließlich niemand mehr mieten wollte, und so hatte es drei Jahre lang leer gestanden. Ein uralter schmutziger orangefarbener Veloursteppich bedeckte den Fußboden. In den Wänden waren Löcher, die bis ins Freie gingen. Unser ganzes Mobiliar bestand aus einem gebrauchten Bett, einer Kommode und einem Gitterbettchen für Nichole. Das alles entsprach nicht gerade meinen Träumen.

Dann wurde ich erneut schwanger. Durch ein Baby würde sich unsere Ehe zwar auch nicht zum Positiven hin verändern, doch neben dem Nüchternwerden waren meine Kinder das Beste, das mir je zuteilwurde. Mein Nestinstinkt regte sich heftig. Ich sah mich im Haus um. Konnte ich das einem Baby zumuten? Als Junkie hatte ich besser gelebt.

Ich hatte keine Ahnung, wie man Wände streicht oder tapeziert. David, der von Haus aus zu nichts fähig war, wollte von einer Renovierung gar nichts wissen. »Wenn ich lerne, irgendwas zu tun, erwartest du doch bloß von mir, dass ich es wieder tue«, meinte er. Er konnte nicht mal mit einem Schraubenzieher umgehen und daher auch nicht das Gitterbettchen vor Nicholes Geburt zusammenbauen. Er war völlig ungeeignet, dieses Haus zu sanieren.

So fing ich an, ein Ritual auszuführen, nachdem ich Nichole abends ins Bett gebracht hatte. Ich setzte mich mitten im Wohnzimmer auf den Fußboden. Dann dachte ich daran, wie sehr ich dieses Haus hasste. Ich dachte daran, wie sehr Gott und David mich enttäuschten. Selbst Davids psychotische Klienten wurden nüchtern, bekamen Jobs, kauften hübsche Häuser und hielten sie gut instand. Sie lebten besser als wir. Es wäre so schön, jemanden zu haben, an den ich mich anlehnen konnte, der sich hin und wieder um mich kümmerte. David konnte sich nicht einmal um sich selbst kümmern.

Jede Nacht, wenn ich nach unten ging, starrte ich die hässlichen

Wände an und fühlte mich elend, hoffnungslos und deprimiert. Als ich einem Freund von David gestand, wie sehr ich dieses Haus hasste, sagte er, ich sollte dankbar sein, dass wir eine Immobilie besäßen. *Dankbar dafür? Ausgeschlossen,* dachte ich. Mir war dieses Haus einfach nur zuwider.

Im September 1978 hielt ich es nicht mehr aus. Bald würde ich Mutterschaftsurlaub haben, das Baby sollte Ende Januar kommen. *Thanksgiving wird lustig,* dachte ich, *wir können auf dem Fußboden sitzen, David kann Putenschenkel abnagen und dann die Knochen wie ein Höhlenmensch durchs Zimmer werfen.* In diesem Augenblick kam mir die Idee.

Ich wusste vielleicht nicht, wie man eine Tapete anklebt, aber nach allem, was ich getan hatte, konnte ich bestimmt lernen, ein Zimmer zu streichen. Das Geld war knapp, doch ein Anstrich mit einer billigen weißen Farbe wäre bestimmt eine Riesenverbesserung. Ich hatte zwar vom Anstreichen überhaupt keine Ahnung, doch der Geistliche, der mich während meiner Entziehungskur befragt hatte, meinte, ich hätte eine positive Eigenschaft – die einzige positive Eigenschaft, die wir finden konnten –, und die bezeichnete er als *Beharrlichkeit.* (Ich glaube, er meinte wohl eher *Besessenheit.*) Ich war fest entschlossen, das Esszimmer noch vor Thanksgiving fertig zu haben. Bis das Baby kam, würden wir in einem anständigen Haus leben.

Ein Nachbar lieh mir eine Trittleiter. Ich schrubbte die tapezierten Wände ab, so gut ich konnte. Wir hatten keine Vorhänge, doch eine ansehnliche Anrichte aus Eiche deckte zumindest eine Wand des Zimmers ab. Durch große Fenster fiel das Sonnenlicht auf die Wand daneben. In der nächsten Wand befand sich ein bogenförmiger Durchbruch ins Wohnzimmer. *Hier fange ich an,* beschloss ich. Ich begann damit, Farbe auf die Wand zu rollen, und malte mir aus, wie überrascht David wäre, wenn er heimkommen und sehen würde, was ich Schönes gemacht hatte.

Dann bemerkte ich, dass die weiße Farbe die Tapetenschichten von der Wand abzulösen begann. Ein Teil der Tapete kringelte sich und fiel in Fetzen auf den Fußboden. Ich zählte fünf Tapetenschichten übereinander. Fünf! Da stand ich nun und sah zu, wie die Farbe die Tapete durchtränkte, die sich dann stückchenweise von der Wand löste. So hatte ich das nicht geplant. Ich versuchte, die Tapete vollständig von der Wand abzuziehen, aber das klappte nicht. Als ich anfing, das Chaos zu beseitigen, kam David nach Hause. »Was hast du bloß getan?«, rief er. »Du ruinierst unser Haus!«

Als er das sagte, wünschte ich mir seinen Tod noch früher herbei als bisher.

Das Geld wurde knapper. Wir brauchten ein Bettchen für das neue Baby, ein Sofa, einen Ess- und einen Küchentisch sowie Stühle. Der Nestinstinkt mochte übermächtig sein, aber nichts von dem, was ich tun konnte, würde etwas ändern. Um dieses Haus zu sanieren, benötigte ich Geld und handwerkliche Fähigkeiten, doch ich hatte weder das eine noch das andere.

Schon bald sollte ich erfahren, dass dies nicht stimmte. Ein Wunder würde es auch tun. Noch wusste ich zwar nicht, wie man Wunder vollbringt, aber ich war dabei, es zu lernen.

Ich nahm mein nächtliches Ritual auf dem Wohnzimmerboden wieder auf, mit unverändert negativen Gefühlen meiner Situation gegenüber. Je mehr ich mich auf das konzentrierte, was ich an meinem Leben verachtete, desto elender fühlte ich mich. Eines Abends, als ich wieder einmal daran dachte, wie sehr ich dieses Haus und mein Leben hasste, kam mir ein Gedanke. Jede Nacht hatte ich das Elend praktiziert, indem ich mich auf alles, was ich hasste, konzentrierte. *Ich praktiziere das Elend diszipliniert,* dachte ich. Das tat ich wirklich gut. Aber es machte alles nur noch schlimmer. Wie wäre es denn, wenn ich, statt zu meckern, Dankbarkeit äußern würde? Nicht diese betuliche Dankbarkeit für alles, was ich habe. Sondern wenn ich Dankbarkeit für alles, wie es eben gerade ist, äußern würde – für das, was ich hasste und nicht mochte. Wenn ich Dankbarkeit äußern würde für diesen hässlichen orangefarbenen Teppich, die Löcher in den Wänden und diese Tapete, die die Farbe aufsaugt. Was würde denn passieren, wenn ich alle negativen Gedanken und Emotionen mit Dankbarkeit belegte? Statt bloß für meine Habseligkeiten dankbar zu sein, wäre ich dann dankbar für alles, insbesondere für das, was ich ganz und gar nicht schätzte.

Es hörte sich verrückt an, doch außer meinem Elend hatte ich nichts zu verlieren. Mein Leben lang hatte ich mich gegen meine Emotionen gewehrt, insbesondere gegen die negativen wie Zorn, Angst, Traurigkeit. Ich hatte geglaubt, diese Gefühle wären falsch. Wie viele andere Menschen fand ich auch, dass solche Gefühle nur mit *Selbstmitleid* zu tun haben. Ich hasste dieses Haus und alles an ihm, wehrte mich aber dagegen, genau das auch zu empfinden. Ich wehrte mich gegen die Vorstellung, dass es uns gehörte. Ich wehrte mich fast gegen alles in meinem Leben.

Jahre später lernte ich beim Kampfsport, dass man sich durch Widerstand von Gott, vom Guten im Leben und von sich selbst trennt. Widerstand nimmt unsere Energie in Beschlag, so dass wir keine Zeit oder Aufmerksamkeit mehr für viele andere Dinge haben. Widerstand verstrickt uns in einen Kampf gegen die Wirklichkeit, vor allem aber hält er uns im Kampf gegen uns selbst gefangen. Das Schlimmste am Widerstand besteht darin, dass er unsere ganze Energie vernichtet.

Ich erwartete nicht, dass ich tatsächlich dankbar war oder Dankbarkeit empfand. Zunächst einmal würde ich einfach nur zulassen, dass ich fühlte, was auch immer ich fühlte. Dann würde ich meine Dankbarkeit für alles, wie es war, zum Ausdruck bringen. Ich würde meinen Plan sechs Wochen lang ausprobieren, und dann würde ich feststellen, wie weit er funktioniert hatte.

In jener Nacht begann ich Dankbarkeit für das zu äußern, was mich störte. Jeden negativen Gedanken, der mir in den Sinn kam, und jede Emotion, die ich empfand, belegte ich sofort mit Dankbarkeit. Sobald ich mir eines negativen Gefühls oder Gedankens bewusst wurde, dachte ich: *Ich danke dafür*. Wenn ich daran dachte, wie sehr ich doch ein schönes Haus statt dieser Ruine haben wollte, brachte ich meine Dankbarkeit dafür zum Ausdruck. Statt meines Elends äußerte ich nun Dankbarkeit dafür, wie schrecklich ich mich dabei fühlte, das neue Baby in dieses furchtbare Haus zu bringen und Nichole hier aufwachsen zu lassen. Ich äußerte Dankbarkeit dafür, dass ich noch kein Kinderbettchen hatte. Ich äußerte Dankbarkeit dafür, dass ich mich verlassen, elend, allein und ungeliebt fühlte. Es wurde eine Herausforderung – wie in einem Spiel –, jeden negativen Gedanken mit einem dankbaren zu kontern. Bald begann ich nach allem und jedem zu suchen, bei dem ich negative Gefühle hatte, damit ich es mit Dankbarkeit überhäufen konnte.

Ich wünschte Dankbarkeit herbei, simulierte, erzwang sie. Damals wusste ich nicht viel über universale Gesetze. So wusste ich auch nicht, dass ein universales Gesetz besagt, dass wir in allen Umständen Dankbarkeit äußern sollen. Niemals hätte ich die Dinge, für die ich danke sagte, auf irgendeine Liste geschrieben, als ich mich so elend fühlte. Ich tat genau das Gegenteil: Ich grub sie so tief in mich hinein, wie ich nur konnte, um alles Negative auszumerzen. Manche Menschen würden vielleicht sagen, dass ich log, weil ich mich nicht dankbar fühlte, aber ich sagte ja auch nicht, dass ich mich dankbar fühlte – zumindest damals nicht. Ich sagte *danke* für genau das, was ich dachte, wie ich mich fühlte und was ich hatte und nicht hatte. Ich brachte meine Dankbarkeit für das zum Ausdruck, was ich wirklich war. Das universale Gesetz besagt, dass wir danken sollen, doch es schreibt uns nicht unsere Gefühle vor.

Ich kann Ihnen nicht sagen, wann das Wunder begann. Ich weiß auch nicht mehr, was zuerst geschah. Die Dinge ereigneten sich auf so natürliche Weise, dass ich sie kaum bemerkte. Ich entdeckte einen Laden, in dem es eine teure Tapete für einen Dollar pro Rolle gab. Dann lernte ich, alte Tapeten mit Dampf abzulösen. Meine Mutter, die jahrelang ein Mietshaus besessen hatte, brachte mir bei, wie man streicht und tapeziert. Ich entdeckte, dass man eine Wand mit Gips verputzen kann, statt sie zu streichen. Gips füllt große Löcher und Risse, ist preiswert und leicht aufzutragen. Vor der neu gegipsten Wand hob sich das dunkle Eichenholz wunderschön ab.

Alles, was ich brauchte, kam zu mir; alles, was ich wissen musste, erlernte ich. Mein Traumhaus begann, Gestalt anzunehmen, aber das bemerkte ich in diesem Augenblick noch nicht.

Als ich eine Ecke des orangefarbenen Teppichbodens aufriss, entdeckte ich darunter schöne Hartholzdielen. Wir hatten kein Geld, um eine Fußbodenschleifmaschine zu mieten. Stattdessen kaufte ich mir ein rundes Schleifwerkzeug und bearbeitete damit die Dielen. An den Schränken in der Vorratskammer fehlten die meisten Türen. Da ich es mir nicht leisten konnte, sie zu ersetzen, entfernte ich auch noch die restlichen Türen und entschied mich für eine offene Vorratskammer. Für jedes Problem ergab sich eine Lösung, die ich umsetzen konnte.

Als ich zwischen den Häusern hindurchging, sah ich eine Couch, die jemand neben seinen Müll gestellt hatte. Ich fragte die Besitzer der Couch, ob ich sie mir nehmen dürfe. Sie sagten ja, und so schob ich die Couch Zentimeter für Zentimeter zu meinem Haus. Auf Flohmärkten kaufte ich Decken und Kissen, um damit die Couch zu bedecken. Verkratzte, fleckige Beistelltische verwandelten sich in Antiquitäten, als ich sie abbeizte und mit neuer Politur versah. Ich kann mich zwar nicht mehr an alle Einzelheiten erinnern, doch ich weiß, dass jedes einzelne Ding, das ich brauchte, erschien.

Der Mutterschaftsurlaub verging rasch, und bald musste ich damit aufhören, auf Vorratskammerregale zu klettern. Als mein Sohn Shane zur Welt kam, hatten beide Kinder ein Bett. Ich kehrte mit dem Kleinen ins schönste Haus des Viertels zurück. Und da begriff ich, was geschehen war. Ich hatte gelernt, ein Haus zu restaurieren – ohne spezielle Kenntnisse und Fähigkeiten und ohne Geld. Stattdessen war ich den Weg des Wunders gegangen.
Bei dieser Lektion war es um mehr gegangen, als nur zu lernen, wie man Tapeten anbringt. Das Leben hatte mich gelehrt, wie ich das nutzte, was mir zur Verfügung stand, um es mit Hilfe von Dankbarkeit in mehr zu verwandeln. Ich hatte gelernt, mit dem, was ich hatte, Wunder zu vollbringen.
Mir war ganz klar, dass ich die Entscheidung getroffen hatte, statt des Elends Dankbarkeit zu praktizieren für das, was ich war, was ich hatte und wie ich mich wirklich fühlte. Aber wie es dann zu dem Wunder oder zu der Lektion kam, konnte ich nicht erkennen. Nur, sobald ich begriff, dass ein Wunder eingetroffen war, äußerte ich weiterhin Dankbarkeit für das Haus. Der Unterschied? Meine Dankbarkeit wurde real.

Für jeden Augenblick da sein

Meine Muse kam mit Shane. Schon kurz nach seiner Geburt begann ich mit dem Schreiben. Als Steißgeburt kam dieser Junge mit den Füßen zuerst auf die Welt. Er lachte und spielte und brachte mich zum Strahlen. Er öffnete mein Herz und sorgte dafür, dass es zwölf Jahre lang offen blieb, bis er bei einem Skiunfall starb.
Mit seinem Tod begann meine Reise durch die Schattenseiten des Lebens. Es waren lange, dunkle Jahre. Ich glaubte zwar weiter-

hin an Gott, doch ich hörte auf, an Wunder und an die Liebe Gottes zu glauben. Was auch immer andere Menschen uns sagen – wenn ein Verlust das Gewebe unseres Lebens zerreißt, fühlen wir uns schuldig, als ob wir den Verlust selbst verursacht hätten und ihn hätten verhindern können oder als ob wir bestraft würden. Wir erinnern uns an alles, was wir falsch gemacht haben. Entweder weigern wir uns, über den Verlust zu reden, oder wir können gar nicht mehr aufhören, die Geschichte dieses Verlustes zu erzählen. Schuldgefühle und Besessenheit sind ein Teil der Auseinandersetzung mit schweren Verlusten.

Ich glaubte zwar, dass Kummer eine Verschwendung von Leben sei, doch ich begriff, dass erst dann etwas geschehen würde, wenn ich eine Entscheidung traf.

Ich hatte die Wahl: Tod oder Leben. Selbst wenn wir keinen Selbstmord begehen, können wir sozusagen sterben und lebende Tote werden. Sobald ich meine Entscheidung für das Leben getroffen hatte, begann ich, mich bewusst zu entwickeln, ungeachtet der Benommenheit, des Zorns und der Traurigkeit, die ich empfand.

Vor Shanes Tod lebte ich von einem Tag auf den anderen. Nun erlernte ich die Kunst, in jedem Augenblick da zu sein. Anfangs half mir diese Praxis, zu überleben. Später lehrte sie mich, voranzukommen.

Wenn eine tiefe Veränderung einsetzt – sei es ein Wunder oder ein Verlust –, können Sie davon ausgehen, dass Sie sich eine Zeitlang unwohl fühlen werden. Viele Menschen sind fast ihr ganzes Leben lang unglücklich. Sind Sie bereit, sich ein paar Wochen, Monate oder Jahre lang unwohl zu fühlen, wenn dies zu einer neuen Lebensweise führt?

Indem wir in jedem Augenblick gegenwärtig sind, lernen wir, im Mysterium zu leben. Wir hören damit auf, alles begreifen zu wollen (was nur eine andere Form der Kontrolle ist), und entspannen uns im Nichtwissen. Wir vertrauen darauf, dass wir unsere Antworten bekommen werden, wenn deren Zeit gekommen ist.

Aber trotz all der wunderbaren Lektionen, die das Leben mich lehrte, brachte es mir nicht das Wunder, das ich am meisten wollte. Es brachte mir Shane nicht zurück. Ich werde zwar niemals darüber hinwegkommen, dass Shane starb – sein Tod ruinierte unser Familienleben, er zerbrach es so sehr, dass es nicht mehr gekittet werden konnte –, und doch fand ich wieder Glück. Wenn Sie jemanden verlieren, den Sie so tief lieben – entweder durch eine Trennung oder den Tod –, kommen Sie vielleicht nie über den Verlust hinweg, doch Sie können wieder Glück erleben. Vielleicht nähert es sich Ihnen ganz unmerklich, so jedenfalls ist es mir passiert. Wahrscheinlich werden Sie *Glück* auch neu definieren und Ihr Glück als ein Gefühl von Frieden erleben. In jedem Fall wird es real sein, und es wird Ihr Glück sein. Es wird nicht von anderen oder von dem, was Sie tun oder nicht tun, abhängen. Der Weg dazu ist nicht einfach. Sie müssen durch den langen, dunklen Tunnel der Verwandlung hindurchgehen, der Ihnen die Kraft verleiht, Wunder zu vollbringen. Aber diesen Tunnel gibt es nur einmal. Sie brauchen ihn kein zweites Mal in Ihrem Leben zu durchschreiten.

Glück heißt, im Frieden mit uns selbst zu sein, wo auch immer wir sind, mit wem auch immer wir zusammen sind, was auch immer wir empfinden, was auch immer wir durchmachen und was auch immer wir haben oder nicht haben. *Glück* heißt, um der Arbeit willen zu arbeiten, nicht für ein bestimmtes Ergebnis. *Glück* heißt, dass wir mit jemandem zusammen sind, weil wir die Gesellschaft dieses Menschen genießen, nicht weil wir wollen, dass dieser Mensch uns fragt, ob wir ihn heiraten wollen. Um diese Art von Glück zu empfinden, müssen wir alte, unbewusste Emotionen loslassen und fühlen, was wir fühlen. Wir suchen nicht verzweifelt jemanden, der uns liebt, sondern wollen, dass alle Menschen einfach sie selbst sind.

Bis Shane starb, äußerte ich Dankbarkeit für alles – besonders für alles Negative. Wenn ich dies tat, lebte ich in Frieden. Nach und nach schwanden die Gegensätze. Emotionen waren weder positiv noch negativ. Gefühle waren einfach da. Aber ich konnte unmöglich Dankbarkeit für Shanes Tod äußern. (Später werde ich erklären, wie sich die Wundermethode Situationen anpassen lässt, in denen es inakzeptabel oder unangebracht ist, Dankbarkeit auszudrücken.) Dankbarkeit für Katastrophen zum Ausdruck zu bringen, banalisiert den Kummer und den Verlust eines Menschen. Gott für eine Tragödie zu danken heißt, Gottes Namen mehr zu missbrauchen, als Flüche dies je vermöchten.

Wir sollten die Wundermethode nicht als eine simple Dankbarkeitsliste abtun. Sie geht viel tiefer. Sie lehrt uns, welchen Wert es hat, all unsere Gefühle zu empfinden. Wir lernen, andere und uns selbst so sein zu lassen, wie sie und wir sind. Ich hatte nicht geplant, dieses Buch zu schreiben. Wer war ich schon, dass ich über Wunder reden durfte? Aber 2005 erkannte ich mehr als je zuvor, dass die Menschen mit der wesentlichen Kraft verbunden sein müssen. Sie müssen wissen, wie wichtig sie, ihr Leben und ihre Gefühle sind.

Wunder zu vollbringen führt zu einer neuen Lebensweise. Die Wundermethode macht uns wirklich lebendig, sie bringt uns zum Leben zurück. Wir fangen damit an, im Mysterium zu leben, und dem, was wir noch nicht wissen, mehr zu vertrauen als unseren Gedanken.

Kurse an der Highschool und am College beginnen mit einer Einführung und einem Überblick über das, was noch kommen wird. Mein erstes Haus zu renovieren wurde meine Einführung ins Vollbringen von Wundern – eine Lektion, die mich an der Hand nahm, weiterführte und nie mehr losließ.

Genau dieses Haus brannte später. Weil die Versicherung dafür bezahlte, dass es fachgerecht wiederaufgebaut wurde, konnte ich bei dieser Sanierung Geld und fähige Handwerker einsetzen. Die Wunderreparatur aber war mir lieber. Nachdem die Brandschäden beseitigt worden waren, verkauften wir das Haus und zogen um. Seither habe ich mehrere Häuser besessen oder gemietet. Über eins brachte die Zeitschrift *Elle Décor* eine Story, und die Talkshow-Moderatorin Oprah Winfrey schrieb in ihrer Wohnzeitschrift einen Artikel über die Strandwohnung, die mir jetzt gehört. Aber das Haus, das meine Tochter eines Tages kaufen will, ist das Haus, das mich ins Vollbringen von Wundern einführte. Es ist das schönste Haus von allen.

Sind Sie bereit, sich mindestens vierzig Tage lang auf eine Methode einzulassen, die nur zehn Minuten täglich beansprucht? Auf diese Frage gibt es nur ein Ja oder ein Nein. Lautet die Antwort Nein, legen Sie das Buch jetzt beiseite, oder geben Sie es jemand anderem. Vergeuden Sie nicht Ihre Zeit. Wenn Sie mit Ja geantwortet haben, führen Sie die folgenden Übungen durch. Danach atmen Sie tief ein und aus und blättern die Seite um. Im zweiten Kapitel finden Sie die gesamte Wundermethode und eine Anleitung, sie zu praktizieren. Dort werden auch all ihre therapeutischen und spirituellen Elemente und deren Wirkungen erläutert sowie die Gründe, warum die Methode funktioniert. Sie werden lernen, wie Sie die Wundermethode ausüben und sie an Ihr Leben anpassen können.

Denken Sie daran: Das wesentliche Element beim Vollbringen von Wundern sind Sie.

Übung

Bewirken eine Situation, ein Problem oder eine Frage, dass Sie sich elend fühlen? Brauchen Sie Rat, um eine wichtige Entscheidung zu treffen? Stehen Sie kurz vor der Pleite? Wenn Sie einen Zauberstab hätten und alles sofort ändern könnten, welche Situation in Ihrem Leben würden Sie dann verwandeln wollen? Brauchen Sie ein Wunder, weil Sie sich allein nicht mehr helfen können? Schreiben Sie über die Situation oder das Problem. Drücken Sie sich klar aus. Gehen Sie darauf ein, wann und wie das Problem begann, wie Sie versucht haben, es zu lösen, und welche Ergebnisse diese Versuche gebracht haben. Ich kann Ihnen zwar nicht versprechen, dass Sie das Wunder bekommen, das Sie sich erhoffen. Aber lesen Sie das Buch trotzdem weiter. Führen Sie die Übungen am Ende jedes Kapitels durch. Praktizieren Sie die Methode mindestens einmal täglich, am besten in der ersten halben Stunde nach dem Aufwachen. Nach sechs Wochen können Sie damit aufhören, wenn Sie wollen, aber nehmen Sie sich mindestens vierzig Tage Zeit, bevor Sie die Praxis abbrechen. Wir können wirklich Wunder vollbringen, aber genauso gut können wir auch Elend erzeugen. Wir entscheiden selber darüber, welches von beidem wir wollen.
Falls Sie kein Wunder brauchen, können Sie die Wundermethode trotzdem anwenden. Sie werden von ihr profitieren. Sie wird Sie bewusster und aufmerksamer machen. Sie unterstützt Sie darin, freundlich und liebevoll zu sein. Und wenn Sie dann einmal wirklich ein Wunder vollbringen müssen, wissen Sie bereits, wie es geht.

2 | Wie Sie Wunder vollbringen

Suchen Sie sich einen Wunderpartner

Ich lernte Dr. Joi Ende der neunziger Jahre kennen, als ich einen Vortrag an dem College hielt, an dem sie unterrichtete. Sie entsprach überhaupt nicht meinen stereotypen Vorstellungen von Akademikerinnen. Sie sprach zwar mehrere Sprachen fließend, hatte erfolgreiche Bücher geschrieben und war weit gereist, wirkte aber nicht übertrieben intellektuell. Dr. Joi war schön, warmherzig und liebevoll, und sie sprach mit einem und nicht an einem vorbei. Zu meiner großen Erleichterung legte sie nicht das ängstliche, übernervöse Verhalten an den Tag, dem man so häufig bei Menschen begegnet, die ein Seminar oder eine Vortragsreihe leiten. Ihre Entspanntheit nahm mir jede Befangenheit. Wir verstanden uns auf Anhieb.

Als wir uns verabschiedeten, waren wir uns einig, dass wir in Kontakt bleiben würden. Eine Zeitlang schrieben wir einander E-Mails, bis das Leben jede von uns voll in Beschlag nahm. Ich weiß nicht mehr, was uns wieder zusammenbrachte, doch als wir 2005 wieder in Kontakt traten, wurde uns klar, dass unsere Zusammenarbeit nicht beendet gewesen war. Sie hatte gerade erst begonnen.

Dr. Joi hatte genau wie ich den Boden unter den Füßen verloren. Aus völlig unterschiedlichen Gründen ging es bei uns beiden drunter und drüber, und wir hofften, wieder sicher auf festem Grund zu landen. Ich kannte ihre Lebensgeschichte ein wenig. Und bald erfuhr ich, dass sich hinter ihrem sonnigen Naturell mehr Schmerzen verbargen, als ich je gedacht hatte.

Ich hatte gerade die Wundermethode überarbeitet, als eine Bekannte mich aufforderte, täglich unsere Dankbarkeitslisten auszutauschen. Sie schlug vor, wir sollten einander vierzig Tage lang E-Mails schreiben, in denen wir fünf bis zehn Dinge auflisteten, für die wir dankbar seien.

Dankbarkeit ist ein wichtiger Schlüssel, der viele Türen öffnet. Von Anfang an spielte Dankbarkeit in meinem Schreiben und meinem Leben eine große Rolle, und zwar seit 1986, als mein Buch *Codependent No More (Die Sucht, gebraucht zu werden)* erschien. Die Idee, Dankbarkeitslisten via E-Mail auszutauschen, regte mich zur endgültigen Version der Wundermethode und zu einer anderen Weise an, sie zu praktizieren. Bis dahin hatte ich Wunder nur für mich vollbracht. Ich wollte sie mit niemandem teilen. Allein schon bei dem Gedanken, wie andere Menschen auf das Wort *Wunder* reagieren würden, schreckte ich davor zurück. Aber die Wundermethode hatte bei mir immer so gut funktioniert, dass ich mich einfach fragen musste: Was würde geschehen, wenn ich die Wundermethode mit jemand anderem anwenden würde?

Ohne dass ich Dr. Joi viel von diesen Gedanken erzählte, riskierte ich es und fragte sie: »Hätten Sie Lust, meine Partnerin beim Vollbringen von Wundern zu sein? Es dauert nur zehn Minuten täglich.«

Dr. Joi ging sofort darauf ein. »Aber ja!«, sagte sie. »Ich habe zwar keine Ahnung, wovon Sie reden, doch ich vertraue Ihnen. Ich richte mich ganz nach Ihnen. Legen Sie los und sagen Sie es mir, wenn ich etwas falsch mache.«

Aus mehreren Gründen hatte es mich gereizt, Dr. Joi vorzuschlagen, bei der Wundermethode mitzumachen. Ich war gerade von einer Bandscheibenoperation in Deutschland zurückgekommen. Die Operation an sich stellte zwar schon ein Wunder dar, doch die ganze Prozedur hatte meinen Körper entsetzlich geschwächt. Sie löste eine rapide Abwärtsspirale aus, die Geist, Körper und Seele betraf. Zwar befand ich mich noch nicht in einer Holzkiste, wie mein Arzt in den Staaten vorhergesagt hatte, aber ich konnte schon den Duft von Kiefernholz riechen. Als ich wieder in Kalifornien war, musste ich mich auch noch über ein Vierteljahr lang mit einer doppelseitigen Lungenentzündung abquälen.

So gern wir uns vorstellen, dass eine Zauberpille vom Arzt alles heilen wird, erfolgt doch eine emotionale, mentale oder physische Heilung von einem Ort tief in uns selbst aus. Aber ich hatte keinen Zugang zu diesem Teil von mir. Ich konnte ihn nicht einmal finden. Es fehlte mir einfach an Energie, um mich dafür zu interessieren, ob ich leben oder sterben würde. Ja, ich brachte nicht einmal so viel Energie auf, um mich zu fragen, warum mich das nicht interessierte, selbst als Freunde mich anriefen, um mir zu sagen, wie gern sie mich hätten und dass ich nicht aufgeben solle.

Wie gut, dass ich keine Kristallkugel hatte. Die Zukunft vorherzusehen wäre einfach zu viel gewesen. Nach einigen Monaten konnte ich mich zwar wieder besser bewegen, allerdings wurde ich ein ungutes Gefühl im Hinblick auf meine Mutter, die in Minnesota lebte, nicht los. Als ich mich erkundigte, erwies sich meine Ahnung als richtig. Die Alzheimererkrankung hatte den einst messerscharfen Verstand meiner Mutter so sehr geschädigt, dass sie ihre Krankheit nicht mehr verheimlichen konnte. Sie hatte geglaubt, es würde sie schützen, wenn sie ihre Krankheit geheim hielte. Doch genau das wurde ihr zum Verhängnis. Es hinderte sie daran, Hilfe zu suchen, und lieferte sie Menschen aus, die sie ausnutzen wollten. Sie war überzeugt, dass ihre Familie nur ihr Geld wollte, und am meisten fürchtete sie sich davor, dass wir sie in irgendein Pflegeheim stecken würden.

Nach monatelangen Gerichtsverhandlungen berief mich der Richter der Kleinstadt zu ihrem Mitvormund. Damit begannen weitere jahrelange gerichtliche Auseinandersetzungen, und jeden Monat musste ich von Kalifornien nach Minnesota fliegen. Obwohl ich mich noch immer von meiner Operation erholte und über 3000 Kilometer weit weg von ihr wohnte, versprach ich meiner Mutter, dass sie in ihrem eigenen Haus bleiben könne. Ich sagte ihr, ich würde mich für den Rest ihres Lebens um sie kümmern. Und ich hielt Wort.

In der Zeit nach meiner Operation und bevor ich mit der Pflege meiner Mutter begann, vollzog sich in meinem Leben eine Wende, die mir unvermeidlich erschien. Außer einem Buchvertrag, den ich unmittelbar vor der Operation unterzeichnet hatte, waren mir zum ersten Mal in dreißig Jahren die Ziele ausgegangen. Lange Zeit mühte ich mich damit ab, alles auf die Reihe zu kriegen, aber ich hatte keinen Plan. Ich geriet ins Trudeln. Und ich bekam es mit der Angst zu tun.

Zuerst hatten zwanzig Verlage *Codependent No More* abgelehnt, und nun sollte ich nur noch schreiben, immer wieder. Nur noch einmal, bitte! Ich war damit durch, konnte nicht noch einmal so ein Buch schreiben. Außerdem hatte ich schon lange keine Liebesbeziehung mehr gehabt, ich wusste gar nicht, wie viele Jahre das schon her war. Die romantische Liebe interessierte mich nicht im Geringsten. Die Rückenoperation hatte mich zwar vor dem Rollstuhl bewahrt, aber von da an brach mein Körper schneller zusammen, als er wieder geheilt werden konnte. Als ich mich um ihn kümmerte, erinnerte mich das an ein Auto, das schon Hunderttausende von Kilometern auf dem Buckel hatte: Ich wusste nicht, ob ich weiterhin Geld in Ersatzteile stecken oder es verschrotten lassen sollte. Es lief einfach nichts in meinem Leben – keine Arbeit, keine Liebe, kein Ziel. Ich war ganz schön verloren.

Ich wusste natürlich, dass die Wundermethode keine Heilung über Nacht herbeiführen würde. Es war einfach zu viel schiefgelaufen, manches war sogar irreparabel. Die Operation hatte eine Arachnoiditis ausgelöst, eine Krankheit, die mit einer Entzündung aller Rückenmarksnerven einhergeht. Dazu kam, dass eine degenerative Arthritis den Knorpel in beiden Knien zerstört hatte. Aufgrund der hohen Wahrscheinlichkeit, dass es bei einer doppelten Knieoperation zur Entzündung eines Knies oder beider Knie kommen und die Infektion sich bis zu meiner Wirbelsäule ausbreiten würde, war sich mein Ärzteteam darin einig, dass ich weitere Operationen nicht überleben würde. Ich musste mit meinem Körper klarkommen, so, wie er war. Aber wenn ich Wunder vollbringen würde, könnte ich ja vielleicht meinen physischen Abbau verlangsamen.

Die Wundermethode machte mir Hoffnungen. Sie gab mir Kraft und Weisung, mich effektiv und liebevoll um meine Mutter zu kümmern. Das war etwas Neues für mich. *Codependent No More* war nicht vor einem familiären Hintergrund entstanden, der mit Pflege und Liebe zu tun hatte. Mich um meine Mutter zu kümmern, würde eine Herausforderung darstellen, die mich jahrelang in Beschlag nehmen würde.

Die Wundermethode könnte mir dabei helfen, neue Ziele zu entwickeln, vielleicht ein neues Leben zu entwerfen. Wie sich herausstellte, konnten die Ärzte meine Schmerzen und mein Leiden lindern, und langsam heilte mein Körper, jedes Jahr ein wenig mehr. Aber noch begriff ich nicht, dass ich die Kunst, ganz, gesund und vollkommen in jedem Augenblick zu sein, erlernen konnte, unabhängig davon, wie viele Krankheiten ich hatte und wie sehr mein Körper verfiel. Ich könnte die vor mir liegenden Jahre mit Würde und Anstand hinter mich bringen.

Andere Wunder stellten sich auf natürliche Weise ein, Ereignisse, die ich einfach nicht vorausahnen konnte. Einerseits wusste Dr. Joi, dass ich mich noch nicht entschieden hatte, ob ich es riskieren sollte, ein Buch über das Vollbringen von Wundern zu schreiben. Andererseits begriff sie auch, dass einiges von dem,

was sie tat und sagte, in diesem Buch vorkommen würde – natürlich nur mit ihrer Erlaubnis. Ganz unabhängig davon wusste Dr. Joi jedenfalls, dass ich sie nicht um der Recherche willen darum bat, meine Wunderpartnerin zu sein, obwohl ihre Geschichte dank ihrer Großzügigkeit schließlich doch ein wichtiger Teil dieses Buches wurde. Ihr war klar, dass ich sie um diese Partnerschaft bat, um mein Leben zu retten.
Und bislang funktioniert es.

Dr. Jois Geschichte

Es ist ja so leicht, Menschen vorschnell nach ihrem Äußeren zu beurteilen. Normalerweise glauben wir entweder, dass andere Leute alles auf die Reihe kriegen und nur wir fürchterliche Probleme haben, oder wir meinen umgekehrt, dass wir alles auf die Reihe kriegen und die anderen die Chaoten sind. Es ist, als ob wir in einer Welt voller Spiegel leben. Die Leute sehen uns auf eine Weise, und wir sehen uns genau andersherum. Vielleicht glauben wir auch, dass die Menschen uns ganz anders sehen, als sie es wirklich tun. Und dann gibt es noch einen Teil von uns, den niemand sieht, weil er unter der Oberfläche liegt und wir ihn verstecken, manchmal sogar vor uns selbst.
Ich wusste einiges über Dr. Jois Geschichte. Und schon bald erfuhr ich den Rest. Als wir uns kennenlernten, hatte sie gerade damit begonnen, sich aus einer unerfreulichen Ehe zu befreien. 2005 hatte sie das Scheidungsverfahren eingeleitet, ein Verfahren mit hässlichen emotionalen und finanziellen Wendungen.
Vor ihrer Heirat hatte ihr Mann ein Footballteam an der Highschool trainiert. Kurz nach der Hochzeit zog er sich eine Bänderzerrung zu. Zwar war es nur eine geringfügige Verletzung, aber sie erforderte trotzdem einen chirurgischen Eingriff. Nach der

Operation nahm Dr. Jois Mann seine Arbeit nicht wieder auf. Als Dr. Joi schwanger wurde, erklärte er dem Scheidungsrichter, sie hätten entschieden, dass er Hausmann bleiben würde.

Das ist mir neu, dachte Dr. Joi. Sie hatten nie darüber gesprochen. Ihr Mann weigerte sich einfach, wieder zu arbeiten. Sie dagegen arbeitete während der ganzen Schwangerschaft und nahm ein Vierteljahr nach der Geburt ihres Sohnes ihre Arbeit wieder auf. Selbst als das Arbeitslosengeld ihres Mannes auslief und ihr Sohn ganztags zur Schule ging, wollte ihr Mann immer noch nicht arbeiten. Dr. Joi verdiente die Brötchen und musste schließlich zusehen, wie er ihr Geld mit einer anderen Frau durchbrachte.

Während des Scheidungsverfahrens behauptete ihr Mann, er habe wegen ihres Sohns zu Hause bleiben müssen, weil Dr. Joi so viel gearbeitet habe – neben ihrer Dozententätigkeit hatte sie noch zwei Bücher geschrieben. Sie war einverstanden gewesen, dass ihr Mann sich um ihren Sohn kümmerte, als er noch klein war. Doch während seine Eltern in Scheidung lebten, war ihr Sohn viele Jahre lang ganztags zur Schule gegangen, und ihr Mann hätte durchaus arbeiten können.

»Das ist noch nicht alles«, erwiderte sie und erklärte, dass ihr Mann damit begann, sich mit anderen Frauen zu treffen, als ihr Sohn zur Schule ging. »Von einer weiß ich es sicher, und vielleicht sind es auch zwei. Er musste ja etwas mit seiner Zeit anfangen.« Ja, er hatte nicht nur Affären, sondern gab auch noch damit an. Außerdem bestrafte er seine Frau mit physischer Zurückweisung, weigerte sich jahrelang, sie zu berühren, zu küssen oder mit ihr intim zu sein. Dr. Joi bemühte sich, darüber hinwegzusehen. Aber als ihr Sohn zehn wurde, hatte ihr Mann seine Arbeit noch immer nicht wiederaufgenommen und hatte ganz offen eine Beziehung mit einer anderen Frau. Es war nicht ungewöhnlich, dass er die Nacht im Haus seiner Geliebten verbrachte und erst morgens nach Hause kam.

Später räumte ihr Mann ein, nicht zu arbeiten, und sie abzulehnen sei für ihn die einzige Möglichkeit gewesen, so etwas wie Macht zu empfinden. Anfangs war sich Dr. Joi nicht schlüssig, ob sie ihren Mann verlassen sollte, was ja bei Menschen, die eine Scheidung in Erwägung ziehen, durchaus üblich ist. So verließ sie ihn und kehrte später wieder zu ihm zurück. Als sich nichts änderte, verließ sie ihn wieder.

»Sich scheiden zu lassen ist nicht so einfach«, sagte sie. »Ich wollte, ich könnte sagen, dass unser Sohn es mir schwermachte, meinen Mann zu verlassen. Doch das stimmt nicht. Anfangs habe ich diesen Mann ja geliebt. Ich entschied mich dafür, ihn zu heiraten. Inzwischen hasse, verabscheue und verachte ich ihn ganz und gar. Gäbe es noch stärkere Wörter als diese, dann würde ich sagen, dass ich so empfände. Dieser Mann ist die Verkörperung des Bösen, auch wenn ich ehrlicherweise sagen muss: Wenn er unseren Sohn nicht dazu benutzt, mich zu bestrafen, ist er ein hervorragender Vater.«

Und dann passierte noch etwas: Vielleicht hatte der Richter Vorurteile gegenüber Frauen. Vielleicht hatte er ja erlebt, dass viele Frauen gezielt ältere Männer heiraten, schwanger werden und dann lange genug bleiben, um von den Erträgen der Gütergemeinschaft, den Unterhaltszahlungen und den Alimenten zu profitieren. Möglicherweise hatte der Richter gerade selbst eine hässliche, unfaire Scheidung hinter sich. »Wahrscheinlich werde ich nie erfahren, warum er es tat«, sagte Dr. Joi, »aber aus irgendeinem Grund beschloss dieser Richter, an mir ein Exempel zu statuieren.«

Zunächst einmal übertrug er ihrem Mann das volle Sorgerecht, weil er als Elternteil zur Verfügung stehe. Zur Verfügung? Und was ist damit, dass er die ganze Nacht wegbleibt? »Ich habe viel gearbeitet«, sagte Dr. Joi, »aber ich habe mir immer Zeit für unseren Sohn genommen.«

Ihr Anwalt ging in Berufung. Die Entscheidung wurde widerrufen, und Dr. Joi und ihr Mann bekamen das gemeinsame Sorgerecht für ihren Sohn – was absolut eine Verbesserung war. Doch die Scheidungsklausel, die Dr. Joi geradezu wahnsinnig vor Zorn machte – und die noch immer gilt, während ich dieses Buch schreibe –, ist die Anordnung, dass sie ihren Ex-Mann finanziell in der Weise unterstützt, an die sie ihn gewöhnt hatte. Dr. Joi musste ihr Leben einschränken, damit ihr Ex weiterhin für das Haus zahlen konnte, das sie gekauft hatte. Sie trug Secondhandkleidung, während er wie aus dem Ei gepellt durch die Stadt stolzierte.

»Ich kann mir keine neuen Sachen kaufen«, sagte sie. »Er arbeitet nicht, geht aber mindestens fünf Abende die Woche auswärts essen und protzt mit seinen neuen Sachen. Und alles von meinem Geld!«

»Ihr Frauen wolltet ja die Gleichberechtigung«, erwiderte der Richter abschließend. »Nun, da habt ihr sie.«

Diese Verfügung konnte nur außer Kraft gesetzt werden, wenn ihr Ex-Mann wieder heiraten würde. Doch er mochte alles Mögliche sein, sagte sie, aber dumm sei er nicht. »Er weiß, dass mich das wahnsinnig macht, und das gefällt ihm. Ich kann hingehen, wo ich will, immer ist auch er da«, sagte sie. »Warum kann er mich nicht in Frieden lassen?«

Die Situation ist mehr als unfair. Sie ist ungerecht. Doch das betrifft nicht nur Dr. Joi. Es ist genauso ungerecht und ein Ärgernis, wenn es auch Männern passiert. Unterhalt für Kinder zu zahlen, ist eine Sache. Doch jemanden zu unterstützen, der sich weigert zu arbeiten und seine Liebesaffären über die Bedürfnisse seines Kindes stellt, ist etwas ganz anderes. »Das ist einfach falsch«, sagte Dr. Joi.

Ich gab ihr recht.

»Ich komme über meinen Zorn nicht hinweg«, schrieb Dr. Joi anfangs, als wir unsere Wunderlisten zusammenstellten. Ich konnte ihr das nicht verübeln. Auch mir fiel es schwer, meinen Zorn wegen ihrer Situation im Zaum zu halten, obwohl ich sie kaum und ihn überhaupt nicht kannte. Später gestand sie mir, mein Zorn habe ihr geholfen. Sie habe sich dadurch frei gefühlt, zu sein, was sie war, zu fühlen, was sie fühlte, und nicht »therapeutisch korrekt« zu sein. Die Übung der Wundermethode schaffte ihr einen sicheren Ort, an dem sie alles herauslassen konnte.

Ich war wütend, als ich Dr. Jois Geschichte hörte. Aber sie musste ihre Situation akzeptieren. Und das tat ich auch. Die gerichtliche Verfügung ließ sich nun mal nicht ändern. Die Professorin und erfolgreiche Autorin, die so ausgeglichen wirkte, verbarg so viel Leid hinter ihrem strahlenden Äußeren. Es dauerte nicht lange, bis die Wundermethode die Geheimnisse von Dr. Joi enthüllte, Dinge, die sie sogar vor sich selbst geheim hielt.

Als wir am nächsten Tag mit der Wundermethode begannen, standen wir kurz davor, einander und uns selbst tiefer kennenzulernen als je zuvor. Ob es daran lag, dass wir uns nicht oft sahen, unterschiedliche Freundeskreise hatten, uns sofort miteinander verbunden fühlten, als wir uns kennenlernten, einander als ebenbürtig betrachteten, oder ob all dies zusammenkam – jedenfalls zeigten wir einander Seiten von uns, die wir niemandem sonst offenbarten. Meine anfänglichen Ängste, ob die Wundermethode auch mit einer Partnerin klappen würde, verschwanden beinahe im Nu.

Vielleicht ist es keine gute Idee, diese Methode mit einer guten Freundin, mit jemandem, den Sie täglich sehen, oder mit einem Liebespartner durchzuführen. Oder vielleicht klappt es doch? Ich habe keinerlei Erfahrungen damit. Ich weiß nur eins: Wir müssen dem Menschen, mit dem wir die Methode praktizieren, vollständig vertrauen, denn wenn wir nicht absolut ehrlich sind, wenn wir Dinge auf unsere Liste schreiben, um den anderen Menschen zu beeindrucken, oder wenn wir das, was wir schreiben, zensieren, weil es uns peinlich ist, dann wird die Wundermethode nicht funktionieren. Die Auseinandersetzung mit uns selbst ist ein Vorgang, bei dem wir uns verletzlich und ausgesetzt fühlen, und wir dürfen keine Angst haben, dass unser Partner uns verurteilen oder das, was wir offenbaren, dazu benutzen wird, uns weh zu tun. Es ist nicht einmal vorgekommen, dass eine die andere verurteilte, seit Dr. Joi und ich die Wundermethode zusammen ausüben, und das tun wir inzwischen schon mehrere Jahre.

Sobald Sie begreifen, was das bedeutet, können Sie sich entscheiden, ob Sie die Wundermethode allein oder mit einem Partner oder einer Partnerin anwenden wollen. Für mich hängt dies davon ab, mit welchem Problem ich mich gerade befasse. Manchmal ist es mir so peinlich, und ich fühle mich so verletzlich, und auch wenn ich Dr. Joi vertraue, kann ich doch nicht bestimmte Anteile von mir offenlegen. Wir sind zwar noch immer Partnerinnen, doch diese äußerst sensiblen oder peinlichen Bereiche behandle ich allein, indem ich mir selbst eine E-Mail sende.

Wie das Projekt Wunder funktioniert

»Morgen werden wir einander jeweils eine Liste mailen«, schrieb ich in einer E-Mail, als ich Dr. Joi die Wundermethode erklärte. Wir telefonierten nur selten miteinander. »Am besten schreiben wir unsere Listen eine halbe Stunde nach dem Aufwachen. Wir fangen die Liste mit folgenden Worten an: ›Heute bin ich dankbar dafür, dass …‹. Dann schreiben wir fünf bis zehn Dinge auf. Und das tun wir vierzig Tage lang.«

»Eine Dankbarkeitsliste?«, mailte sie zurück.

»Nein, viel mehr als das«, schrieb ich. »Jeder Affe kann für das dankbar sein, was er hat. Wir wollen vielmehr praktizieren, dankbar für alles zu sein, was wir an uns selbst und an unserem

Leben *nicht* mögen. Das gilt für Menschen, Orte und Dinge, die jetzt geschehen oder früher geschehen sind. Das bezieht sich auch auf unsere Gefühle, insbesondere die, die wir als schlecht und falsch verurteilen.«

Sofort mailte sie zurück: »Du meinst, ich soll Dankbarkeit für das empfinden, was mir nicht gefällt?«

»Überhaupt nicht«, schrieb ich. »Empfinde das, was du empfindest. Du musst nichts weiter tun, als ganz oben auf der Liste zu schreiben, dass du für diese Dinge dankbar bist.« Ich wusste, dass sie dies verwirrte. Die Methode ist denkbar einfach, aber sie ist das genaue Gegenteil von dem, was wir üblicherweise tun. »Nehmen wir an, du wachst auf und bist voller Hass, Ärger oder Zorn. Dann schreibst du: ›Ich bin dankbar dafür, dass ich mich über … ärgere‹, und vervollständigst den Satz entsprechend. Du schreibst vielleicht: ›Ich hasse – ach ja, meinen Ex-Ehemann.‹ Ha«, schrieb ich, »als ob es jemand anderes sein könnte! Oder du könntest schreiben, dass du wütend darüber bist, dass dir der Richter den Unterhalt für deinen Ex verordnete oder dass du es dir nicht leisten kannst, neue Sachen zu kaufen, oder dass du zurückstecken musst und dein Ex mit neuen Sachen herumstolziert, während du Secondhandkleidung trägst.«

Sie schrieb zurück: »Helfen wir einander, diese Probleme und Gefühle durchzugehen?«

»Kommt nicht in Frage!«, schrieb ich. »Die Liste des anderen zu kommentieren ist verboten, es sei denn, wir sagen etwas Allgemeines dazu wie ›Gute Liste‹ oder ›Mir gefiel die Nummer vier‹. Wir diskutieren nicht über das, was die andere auf die Liste gesetzt hat, und versuchen nicht, deren Probleme zu lösen. Wir können auch schreiben, dass wir für gute Dinge dankbar sind, wenn uns wirklich so zumute ist, aber fangen wir erst mal mit allem an, was uns aufregt oder stört. Da brauchen wir zuerst unsere Wunder«, schrieb ich. »Ich mache das seit 1978 – allein. Und es funktioniert. Es hört sich vielleicht verrückt an, aber lass dir ein wenig Zeit. Du bist stärker, als du glaubst. Zusammen können wir Wunder vollbringen.«

Mir war noch nicht klar, wie stark zwei Menschen beim Vollbringen von Wundern sein können.

»Wir sollten auch eine Liste von Zielen aufschreiben, von Dingen, die wir gern hätten; wie wir uns fühlen möchten; von Ereignissen, die geschehen sollen; selbst, wie viel Geld wir verdienen wollen. Sei so genau und detailliert, wie du kannst«, schrieb ich. »Wir sollten immer eine Zieleliste haben. Wir können uns unsere Ziele mitteilen, aber ich glaube, es ist besser, wenn wir das nicht tun. Und wir müssen uns natürlich die folgende Frage stellen und beantworten: Wenn wir einen Zauberstab hätten, mit dem wir alles, was wir wollen, herbeizaubern könnten, welches Wunder würden wir vollbringen wollen? Auch das sollten wir lieber für uns behalten. Wir behalten unsere Wunder für uns.«

»Ich brauchte Stunden, um meine erste Liste zu schreiben«, gestand Dr. Joi ein Jahr später. »Ich hab sie immer wieder überarbeitet, weil ich versuchte, sie perfekt zu machen. Mir war so mulmig zumute, weil du doch so viele Bücher geschrieben hast. Doch als ich dann deine erste Liste bekam, musste ich lachen, war völlig entspannt, und nie wieder habe ich meine Liste überarbeitet. Du hast mir eine Liste voller Tippfehler geschickt, total unredigiert. Das hat mich absolut erleichtert. Sie sah aus, als hättest du sie so schnell, wie du konntest, runtergetippt«, schrieb sie. »Wahrscheinlich hattest du keine Ahnung, welche tiefe Wirkung das auf mich hatte. Aber indem du das getan hast, gabst du mir die Freiheit, total ich selbst zu sein. Von dem Augenblick an, da ich deine erste Liste gelesen habe, hörte ich auf, mich selbst zu redigieren und zu zensieren.«

Eine genaue Anleitung

Dr. Joi nannte diese Methode das »Projekt Wunder«. Mir gefällt diese Bezeichnung. Hier nun eine Anleitung. Aber zunächst möchte ich Sie noch einmal an eins erinnern: Wenn Sie professionelle Hilfe benötigen, dann suchen Sie diese zuerst, bevor Sie irgendetwas anderes tun. Manchmal gehört eine gute professionelle Hilfe dazu, dass wir unser Wunder bekommen. Wenn Sie bereits Hilfe gesucht haben oder eine Therapie machen und sie funktioniert nicht, oder sie funktioniert, aber Sie wollen etwas Zusätzliches tun, dann könnte das Projekt Wunder genau das sein, was Ihnen auch Ihr Arzt verordnen würde. Sie allein können feststellen, ob diese Methode das Richtige für Sie ist.

1. **Engagieren Sie sich vierzig Tage lang für das Projekt Wunder.** Markieren Sie das Anfangs- und Enddatum in einem Kalender. Wenn Sie das Gefühl haben, kurz vor einem Durchbruch zu stehen, und die vierzig Tage sind vergangen, hören Sie bitte nicht auf. Vielleicht bekommen Sie Ihr Wunder auch schon in zwei Wochen oder erst in drei Monaten oder einem Jahr. Sobald Sie merken, dass die Methode zu funktionieren beginnt, wenden Sie sie weiter an, bis Sie Ihr Wunder finden – oder Ihr Wunder Sie findet.

2. **Stellen Sie sich diese Frage und schreiben Sie dann Ihre Antwort auf: Wenn ich einen Zauberstab hätte, mit dem ich alles, was ich will, in meinem Leben herbeizaubern könnte, welches Wunder würde ich vollbringen wollen?** Wenn Sie es nicht wissen oder wenn Sie ganz allgemein wollen, dass Ihr Leben besser wird, dann schreiben Sie das auf. Sie müssen einfach nur ehrlich sein. Wenn Ihnen im Laufe der Zeit klar wird, welches Wunder Sie erstreben, dann schreiben Sie mehr darüber auf. Es

ist besser, wenn Sie das Wunder, das Sie suchen, für sich behalten, selbst gegenüber Ihrem Wunderpartner.

3. **Erstellen Sie eine Zieleliste.** Seien Sie so genau und detailliert wie möglich. Die Liste kann so lang sein, wie Sie wollen. Schreiben Sie alles auf, was Sie bekommen, haben, sein, erkennen, erreichen und fühlen wollen. Wie viel Geld genau wollen Sie verdienen oder sparen? Was wollen Sie haben und tun? Warum? Was ist Ihr Motiv, Ihre Absicht? Was hoffen Sie zu gewinnen, wenn Sie diese Dinge haben, tun oder bekommen? Wenn Sie das wissen – toll. Wenn Sie sich nicht sicher sind, nennen Sie Ihr Ziel »Begreifen, warum ich diese Ziele erreichen will«. Wenn Sie keine Ziele haben, schreiben Sie als erstes Ziel auf: »Einige Ziele bekommen«. Auch Ihre Zieleliste sollten Sie lieber für sich behalten. Bewahren Sie Ihre Zieleliste irgendwo auf, wo niemand außer Ihnen sie findet. In den hier beschriebenen Übungen offenbaren Sie die tiefsten Wünsche Ihres Herzens und den Kern dessen, was Sie sind. Riskieren Sie es nicht, dass irgendjemand rücksichtslos mit diesen verletzlichen Bereichen umgeht. Ergänzen Sie Ihre Liste, wenn Sie neue Ziele haben. Sobald Sie ein Ziel erreicht haben, haken Sie es auf Ihrer Liste ab. Vergessen Sie nicht, danke zu sagen.

4. **Entscheiden Sie sich, ob Sie Wunder mit einem Partner vollbringen wollen oder ob Sie vorhaben, das Projekt Wunder allein anzugehen.** Wenn Sie sich für einen Partner entscheiden, müssen gewisse Voraussetzungen erfüllt und gewisse Regeln eingehalten werden. Sie müssen dem anderen Menschen völlig und absolut vertrauen, und Ihr Partner muss dieses Vertrauen auch wert sein. Andernfalls sollten Sie das Projekt Wunder lieber allein machen.
Wenn Sie die Methode mit einem anderen Menschen praktizieren, gehen Sie ein Risiko ein, denn Sie liefern sich Ihrem Partner

aus. Sie riskieren es, dass der dndere das, was Sie ihm mitgeteilt haben, gegen Sie verwendet. Auch können es manche Menschen einfach nicht lassen, die Probleme anderer lösen zu wollen. Insofern kann es schwierig sein, den richtigen Partner für die Wundermethode zu finden. Es ist wichtig, dass Ihr Partner die Regeln kennt und akzeptiert, bevor Sie anfangen. Geben Sie Ihrem Wunder-Partner dieses Buch zu lesen. Wenn er dann versucht, Sie zu manipulieren, Kommentare abgibt oder Sie schlimmstenfalls verurteilt, dann warnen Sie ihn einmal und teilen ihm mit, dass er eine Grenze überschritten hat. Falls Ihr Partner erneut gegen die Regeln verstößt, dann wird es Zeit, dass Sie sich einen anderen Partner suchen oder die Methode allein anwenden.

Wenn bei Ihnen etwas auftaucht, von dem Ihr Partner oder sonst jemand nichts wissen soll, behalten Sie es für sich. Wichtig ist nur, dass Sie es auf Ihre Liste setzen. Manchmal ist das, was Sie zu sagen haben, so persönlich, so privat, dass Sie es nicht für fremde Augen aufschreiben können. Wenn Sie versuchen, sich dazu zu zwingen, es mitzuteilen, werden Sie nicht aufrichtig sein und das Projekt Wunder nicht voll und ganz nutzen können. Seien Sie gegenüber sich selbst aufrichtig, wenn Sie Ihre Liste anlegen. Sie werden schon wissen, wann es besser ist, etwas für sich zu behalten. Es ist auch nicht nötig, dass Sie Ihren Partner darüber informieren, dass Sie dies tun. Entscheidend ist, dass Sie es auf Ihre Liste setzen.

Ganz wichtig ist, dass Sie ehrlich notieren, wer Sie sind und wie Sie sich wirklich fühlen, und nicht, wer Sie Ihrer Meinung nach sein oder was Sie fühlen sollten. In der Wundermethode gibt es keinen Platz für therapeutische oder politische Korrektheit. Wenn Sie weniger als hundertprozentig aufrichtig bei dem sind, was Sie auf Ihre Liste schreiben, wird die Methode nicht funktionieren.

Wenn Sie den richtigen Menschen finden, werden Sie feststellen, dass es viele Vorteile hat, das Projekt Wunder mit einem Partner anzugehen. Es ist hilfreich zu wissen, dass jemand liest, was wir geschrieben haben, besonders wenn wir sicher sind, dass dieser Mensch sich echt für uns interessiert. Genauso kann uns die Liste unseres Partners daran erinnern, unsere eigene Liste anzufertigen, falls wir es einmal vergessen haben oder faul geworden sind oder uns fragen, ob sich das lohnt. Es ist hilfreich – auch wenn ich nicht genau weiß, warum –, wenn wir wissen, dass jemand sieht, was unser Herz bewegt, und uns so akzeptiert, wie wir sind. Die Listen unseres Partners zu lesen, kann unsere eigenen Probleme wieder aufrühren und zum Vorschein bringen. Das können Probleme sein, die wir verleugnet oder vergessen haben. Auf unserer Reise zur Selbstbejahung gehen wir tiefer in uns hinein und durchbrechen unsere Barrieren. So konnte Dr. Joi zum Beispiel über ihren Ärger und Zorn schreiben, weil das Projekt Wunder ihr einen sicheren Ort gab, um Dampf abzulassen. Das wiederum half ihr dabei, ihre Gefühle hinsichtlich der Scheidung und ihren Zorn über ihren Ex-Mann von ihrem Sohn fernzuhalten.

5. **Wählen Sie eine Kommunikationsmethode, auch wenn Sie die Übung allein ausführen.** Wenn Sie und Ihr Partner einen Computer haben, können Sie per E-Mail kommunizieren. Wenn Ihr Partner keinen Computer hat, schreiben Sie Ihre Listen auf Papier auf. Dann rufen Sie Ihren Partner an und lesen einander abwechselnd Ihre Listen vor. Wenn Sie beide ein Fax haben und wissen, dass niemand sonst die Liste sehen wird, dann faxen Sie Ihre Listen. Manche Menschen benutzen lieber relationale Datenbanken, wie sie die meisten Computer heutzutage haben. Jede Methode ist geeignet. Sie können Ihre Listen ausdrucken oder abtippen, einen Kuli, Bleistift, Buntstift, Marker oder Eyeliner verwenden, was immer Sie wollen. Entscheidend aber sind die folgenden Regeln:

- Sie müssen sicher sein, dass niemand sieht, was Sie schreiben, außer Ihnen und Ihrem Partner oder nur Ihnen selbst, wenn Sie das Projekt Wunder allein angehen.

- Sie sollten Ihre Liste möglichst in der ersten halben Stunde nach dem Aufwachen schreiben. Während dieser Zeit, in der wir noch ehrlich, offen und verletzlich sind und noch nicht unser Verleugnungssystem eingeschaltet haben, steht sozusagen ein kleines Fenster offen. Da hat jeder von uns eine besondere Chance. Diese Zeit zu nutzen ist insofern wichtig, da wir schon so sehr an unsere Emotionen oder Probleme gewöhnt sind, dass wir sie normalerweise gar nicht mehr wahrnehmen – selbst die großen nicht.

Dabei können wir durchaus viele Gründe haben, warum wir gewisse Gefühle nicht akzeptieren wollen. Vielleicht weiß ein Aspekt von uns, dass wir etwas dagegen tun wollen, wenn wir diese oder jene Emotion akzeptieren, dass wir aber Angst vor dem nächsten Schritt haben. Oder vielleicht verurteilen wir manche Emotionen als schlecht oder falsch. Wir empfinden sogar Schuldgefühle, wenn wir uns so fühlen, wie wir uns fühlen. Also verbergen wir unsere Gefühle im Dunkeln.
Vielleicht haben wir Probleme, die wir als inakzeptabel empfinden oder die uns zu Hause oder bei der Arbeit aus dem Gleichgewicht bringen könnten. Also unterdrücken wir diese Seiten, verschließen die Augen davor. Die Uhr tickt. Es dauert nicht lange, bis unsere Chance, uns selbst zu kennen, vorbei ist. Wir sind so sehr daran gewöhnt, bestimmte Emotionen oder Anteile von uns zu verleugnen, dass wir sie gar nicht mehr richtig wahrnehmen. Das Gefühl, das Problem oder die Frage entzieht sich uns – aus den Augen, aus dem Sinn. Das heißt nicht, dass das Gefühl oder Problem tatsächlich verschwunden ist. Nur wir wenden uns von

ihm ab, wenn wir uns im »Verleugnungsmodus« befinden. Also praktizieren wir die Wundermethode am besten gleich nach dem Aufwachen, denn wir haben nur ein paar Minuten, um den Stier bei den Hörnern zu packen – unser wahres Selbst –, bevor sich dieser Teil von uns versteckt oder davonläuft.

Manchmal ist es nicht möglich, die Liste schon am Morgen zu erstellen. Vielleicht wachen Sie auf, weil ein Baby weint, das Hunger oder eine volle Windel hat. Wenn Sie Kinder haben, wenn es am Morgen hektisch zugeht oder Sie sich beeilen müssen, um zur Arbeit zu kommen, können Sie das Projekt Wunder zu einer anderen Tages- oder Nachtzeit angehen – auch wenn es dann vielleicht mehr Mühe macht, zum Zentrum Ihres wahren Selbst zu gelangen. Bringen Sie sich in die richtige Stimmung, indem Sie sich mit der Absicht entspannen, ehrlich eine gute Liste anzulegen. Wenn ich mich hinsetze, um meine Liste zu schreiben, beginne ich ganz außen, an der Oberfläche, und noch bevor ich fertig bin, habe ich mich gefunden. Selbst wenn Sie sich zunächst über irgendetwas Triviales ergehen, werden Sie wahrscheinlich tief in Ihr Herz vorstoßen, bevor Sie mit Ihrer Liste fertig sind. Wenn ich zu weinen anfange, dann weiß ich, dass ich den Kontakt zu meinem Selbst hergestellt habe.

Alles, was Sie tun oder fühlen, ist akzeptabel. Sie können Ihre Liste auch im Laufe des Tages ergänzen, wenn verschiedene Fragen oder Gefühle auftauchen. Sie können jeden Tag so viele Listen anfertigen, wie Sie wollen. Wenn Gefühle hochkommen, dann schreiben Sie darüber, bevor Sie sie vergessen. Wenn etwas Neues stattfindet, das Sie empört, ängstigt oder erzürnt, dann schreiben Sie auch darüber. Sie können es Ihrem Partner gleich senden oder es sich für den nächsten Tag aufheben. Wichtig ist, dass Sie es nicht verleugnen, sondern es rauslassen.

- Schreiben Sie die Punkte auf, oder sprechen Sie sie aus. Das Schreiben ist die bessere Methode, denn wenn Sie die Worte nur aussprechen, sind Ihre Punkte weniger konkret. Auch ist es nicht genug, nur darüber nachzudenken – Sie brauchen eine materielle Ausdrucksform, um die Aufgabe zu erledigen. Darüber hinaus können Sie sich Ihre schriftliche Liste später wieder ansehen und feststellen, wie Sie sich weiterentwickelt und verändert haben, wie weit Sie gekommen sind oder wie gut diese Übung funktioniert hat.

6. **Beginnen Sie Ihre Wundermethode damit, dass Sie oben auf die Seite »Heute bin ich dankbar für … « oder »Heute bin ich dankbar dafür, dass … « schreiben.** Dann listen Sie die Vorfälle und Ereignisse auf, die Ihnen in den Sinn kommen, indem Sie über die Ereignisse und Gefühle schreiben, für die Sie am wenigsten dankbar sind, nämlich

- alle Emotionen, die Sie mit sich herumschleppen und die Ihnen nicht gefallen, die Sie für schlecht oder falsch halten, gegen die Sie sich wehren, die Sie verleugnen, nicht wahrnehmen oder zum Verschwinden bringen wollen;

- Dinge, die geschehen und die Sie nicht mögen, die Sie verletzen oder empören, die Sie wahnsinnig machen oder Ihren Seelenfrieden stören. Es gibt aber auch Dinge, die Sie keinesfalls aufschreiben sollten. Für mich käme es einer Gotteslästerung gleich zu sagen: »Danke für den Tod meines Sohnes.« Ich habe es jedenfalls noch nicht getan und habe auch nicht vor, es zu tun. Aber ich kann das Problem aus einer anderen Perspektive angehen, indem ich schreibe, dass ich dankbar dafür bin, wie sehr ich Shane vermisse, wie wütend ich darüber bin, dass er gestorben ist, wie benommen ich mich fühle oder was mir sonst widerfährt. Sie können auch materielle Probleme in Ihre Liste aufnehmen, etwa dass Sie nicht genug Geld haben, einen Job brauchen, neue Kleider haben wollen oder Ihr Haus hassen (wie ich es tat, als ich diese Übung entdeckte). Was auch immer in Ihnen als etwas hochkommt, das Sie als negativ einstufen, sollte auf dieser Liste stehen. Zensieren und kontrollieren Sie nicht und versuchen Sie nicht, Eindruck zu schinden. Erzwingen Sie diese Liste auch nicht. Wenn Sie echte Dankbarkeit für etwas empfinden, dürfen Sie das natürlich auch aufschreiben. Doch im Grunde geht die Wundermethode tiefer und zielt auf etwas anderes ab.

Wenn ich sehe, was da so alles heraussprudelt, wenn ich mit dem Schreiben beginne, bin ich meist sprachlos. Da habe ich mich doch so sehr bemüht, mit meinen Emotionen ins Reine zu kommen, und nun schleppe ich noch immer all das mit mir herum? Dieser ganze Schmerz, der noch immer in mir herrscht, obwohl ich schon so viele Gefühle empfunden habe, kann schon erschütternd sein.

Ressentiments, Dinge, die andere Menschen Ihnen angetan haben und die Ihnen ungute Gefühle vermitteln oder die Sie jemand anderem angetan haben, können auf Ihre Liste kommen. Vielleicht fühlen Sie sich gut, weil Sie es jemandem heimgezahlt oder sich gerächt haben. Oder vielleicht haben Sie Schuldgefühle. Wie oder was auch immer Sie fühlen, setzen Sie es auf die Liste. Sie suchen hier nach Emotionen, die Sie so sehr stören, empören und belästigen, dass Sie deren Existenz um jeden Preis leugnen wollen.

Vielleicht müssen Sie aber auch gar keine negativen Emotionen oder Gedanken auf Ihre Wunderliste setzen. Vielleicht sind Sie durcheinander, brauchen Rat oder Unterweisung. Vielleicht benötigen Sie Hilfe, um etwas zu schaffen. Zum Beispiel, um eine Beziehung anzufangen oder zu beenden. Vielleicht wollten Sie wiederholt jemandem erklären, dass die Beziehung vorbei ist, aber aus irgendeinem Grund haben Sie kein Wort herausgebracht. Oder wenn doch, haben Sie sich nicht klar genug ausgedrückt. Es könnte so viele Dinge geben, mit denen Sie nicht allein fertig werden, etwa abzunehmen oder Ihr Gewicht zu akzeptieren, sich eine andere Wohnung zu suchen oder Geld zurückzuzahlen, das Sie sich geliehen haben. Vielleicht haben Sie darüber schon mit einem Therapeuten oder Berater gesprochen, aber aus irgendeinem Grund kommen Sie damit nicht klar. Es ist nicht so wichtig zu wissen, warum Sie etwas nicht können. Vielmehr zählt, dass Sie Ihre Ohnmacht zugeben oder sich eingestehen, dass Sie sich festgefahren haben.

Vielleicht kämpfen Sie gegen eine Übergangsphase an. Sie können Ihr Alter nicht länger verleugnen, und es gefällt Ihnen nicht, wie Sie aussehen. Schreiben Sie auf Ihre Liste genau das, was Sie dabei empfinden. Vergessen Sie eins nicht: Selbst gute, ersehnte Veränderungen bringen Verluste mit sich, etwa wenn Sie ein Kind bekommen, heiraten oder in eine andere Stadt oder in ein anderes Haus ziehen. Lassen Sie diese Gefühle heraus. Sie werden erstaunt sein, wie gut es Ihnen geht, wenn Sie mit sich im Reinen sind. Sie werden dann über ungeheuer viel Kraft verfügen.

Haben Sie keine Angst davor, um das zu bitten, was Sie wollen. Es gibt zwar keine Garantie dafür, dass Sie es erhalten werden, aber ich habe viele Male bekommen, worum ich gebeten hatte, und es war mehr, als ich mir erhofft und erträumt hatte. Wenn Sie auf ein Wunder aus sind, dann darf es ruhig auch ein großes sein.

An manchen Tagen sind Ihre Listen vielleicht Wiederholungen früherer Listen. Das ist in Ordnung. Schreiben Sie auf, was Ihnen in den Sinn kommt. Ich kann gar nicht mehr sagen, wie oft Dr. Joi schrieb, dass sie sich über ihren Ex ärgerte, und wie oft sie den Zorn und Hass erwähnte, den sie für diesen Mann empfand. Ressentiments sind ein ausgezeichneter Fokus. Ebenso Ängste. Diese Emotionen können Sie blockieren und daran hindern, das zu bekommen, was Sie wollen. Das Herauslassen von Ressentiments und Ängsten – generell von allen festgefahrenen Emotionen wie nicht ausgelebtem Kummer – kann Ihnen den Weg frei machen, sich ein Leben zu schaffen, das Sie lieben. Oder vielleicht fangen Sie dann auch an, das Leben zu lieben, das Sie schon haben.

Denken Sie nicht allzu lange über Ihre Liste nach. Lassen Sie sie einfach heraussprudeln. Fangen Sie dort an, wo Sie sind. Wenn Sie dann tiefer in sich hineingehen, wird sich Ihr Herz auf ganz natürliche Weise öffnen, sofern Sie sich auf das Projekt Wunder einlassen und dafür zehn Minuten täglich Ihr Bestes geben. Es wird auch Tage geben, an denen Ihnen Ihre Listen flach, fade, langweilig vorkommen werden. An so einem Tag ist eben nicht viel los. Das ist schon in Ordnung. Halten Sie sich dennoch dazu an, Ihre Liste zu schreiben. Auch deshalb ist es hilfreich, einen Partner zu haben: Er wird Sie an Ihre Liste erinnern.

7. **Machen Sie sich keine übertriebenen Gedanken.** Manche Menschen versuchen dahinterzukommen, wie sich das, was sie für negativ halten, in etwas Positives verwandeln könnte. Sie hoffen darauf, dass das Positive so eintritt, wie sie es sich vorstellen, und meinen, sie sollten dafür dankbar sein. Nein! Stopp! Sie sollen nicht in die Zukunft schauen, sondern im Mysterium leben und dem Unbekannten vertrauen. Und das schaffen Sie nur, wenn Sie im gegenwärtigen Augenblick bleiben. Ihre Wundermethode ist eine grobe Liste, ein Exposé dessen, wer und was Sie gerade jetzt sind. Sie ist ein Spiegel dessen, was Sie für Ihre dunkle oder inakzeptable Seite halten. Versuchen Sie nicht zu erraten, wer Sie morgen sein werden oder wen Sie morgen ken-

nenlernen werden. Begnügen Sie sich mit dem, was Sie wissen, und wenn Sie etwas nicht wissen, dann sollten Sie wissen, dass es in Ordnung ist, weil es die Wahrheit ist. Versuchen Sie nicht, in eine Kristallkugel zu schauen. Schauen Sie in den Spiegel. Schreiben Sie auf, was Sie in diesem Augenblick sehen.

8. **Erstellen Sie eine Liste der Menschen, denen Sie grollen, denen Sie nicht vergeben haben, denen zu vergeben Sie sich weigern oder denen Sie nicht vergeben können.** Davon war schon die Rede, doch dieser Punkt ist wichtig und verdient einen eigenen Absatz. Wenn Sie wollen, können Sie »diesen Menschen vergeben« oder »meine Ressentiments gegen diese Menschen herauslassen« auf Ihre Zieleliste setzen. Oder Sie können die Liste mit den Punkten, für die Sie dankbar sind, um das ergänzen, was Sie gegenüber diesen Menschen empfinden – oder beides tun. Auf der Liste müssen nicht nur einzelne Menschen stehen. Vielleicht hegen Sie Ressentiments gegenüber Institutionen, Unternehmen, Organisationen. Ein Herz, das von Ressentiments blockiert wird, ist laut vielen Experten das Hindernis Nummer eins, wenn wir im Leben etwas erreichen, unsere Ziele verwirklichen und Freude erleben wollen. Und dann gibt es ja noch ein universales Gesetz, das da lautet: Wenn wir wollen, dass uns vergeben wird, müssen wir vergeben.

9. **Halten Sie die Hand vor den Mund, unterdrücken Sie Ihre Reaktion, drücken Sie auf die Löschtaste, aber bitte zeigen Sie nicht, wie schockiert oder entsetzt Sie über irgendetwas sind, das Ihr Wunderpartner mit Ihnen gemeinsam hat.** Wenn das Gefühl hartnäckig bleibt und mehr als eine rasche Reaktion ist, die vergeht, müssen Sie es vielleicht verarbeiten, um es herauszulassen. Wenn Ihr Wunderpartner das Gefühl hat oder spürt, dass Sie ihn verurteilen, könnte das Ihre Beziehung zerstören. Wenn Sie

wirklich nicht über etwas hinwegkommen, das Ihr Wunderpartner preisgibt, müssen Sie vielleicht die Beziehung beenden. Nur eine aufrichtige Beziehung funktioniert. Würden Sie sich denn weiterhin jemandem offenbaren, der Sie verurteilt? Statt sich auf das zu konzentrieren, was Ihr Partner tut oder nicht tut, achten Sie lieber darauf, wie Ihre eigenen Geheimnisse heraussprudeln. Denn das wird sicher geschehen, wenn Sie diese Methode täglich anwenden.

10. **Lassen Sie sich Zeit.** Viele Menschen schleppen manche Emotionen und Probleme schon jahrelang mit sich herum. Vielleicht bekommen Sie Ihr Wunder ja nicht in vierzig Tagen – auch wenn es der Titel dieses Buches verheißt. Es kann Monate dauern, bis sich alte blockierte Gefühle zu lösen beginnen und herausgelassen werden können. Ja, es kann ein Jahr oder noch länger dauern, und es ist ein intensiver Prozess. Lassen Sie sich so viel Zeit, wie Sie brauchen. Wunder geschehen nicht immer über Nacht. Hin und wieder aber schon. Das ist die Magie.

11. **Beschreiben Sie kurz jeden Punkt auf Ihrer Liste.** Sie müssen ja nicht gleich bis ins letzte Detail gehen, damit Ihr Partner die Situation auch wirklich ganz und gar versteht. Zensieren Sie sich aber auch nicht. Lassen Sie alles heraussprudeln, was Sie fühlen – all diese Dinge über sich selbst, Ihr Leben, andere Menschen, sogar über Gott, die Sie zornig, wütend, ängstlich machen oder empören. An manchen Tagen enthielt meine Liste fünfzig oder noch mehr Punkte, und ich tippte alles in Großbuchstaben, was in E-Mails einen Aufschrei bedeutet. Denn genau danach war mir zumute. Manchmal schrieb ich den gleichen Gedanken immer wieder ein wenig anders hin. Ich tat es, weil ich es brauchte, weil ich das Problem oder Gefühl noch nicht verarbeitet hatte. Das Projekt Wunder verlangt, dass wir uns selbst trauen.

Wichtige Komponenten

Ob Sie das Projekt Wunder allein oder mit einem Partner angehen, einige Komponenten sind ganz wichtig, damit das Projekt Wunder auch funktioniert. Inzwischen sollten Sie mit den meisten schon vertraut sein, da ich sie mindestens einmal schon erwähnt habe. Hier sind sie noch einmal:

Ehrlichkeit
Bereitschaft, es zu versuchen
Respekt sich selbst und dem Partner gegenüber
Bedingungsloses Akzeptieren seiner selbst und anderer
Engagement
Freundlichkeit
Fürsorglicher Schutz der eigenen Privatsphäre und der des Partners
Hingabe an die Emotionen
Vieles loslassen
Vertrauen in sich selbst
In jedem Augenblick voller Gegenwart und Bewusstheit leben
Im Mysterium leben, indem wir auf das vertrauen, das wir nicht kennen, statt alles Mögliche herausfinden zu wollen

Selbst wenn Sie skeptisch sind, können Sie das Projekt Wunder angehen, aber Sie sollten es auf Ihre bestmögliche Weise tun. Wie bei allem anderen werden Sie auch aus diesem Projekt das herausholen, was Sie hineinstecken. Je mehr Dinge Sie auf Ihre Liste setzen, damit sie sich in Wunder verwandeln, desto mehr Wunder werden sich für Sie wahrscheinlich ereignen.

Passen Sie das Projekt Wunder Ihren Bedürfnissen an

Wenn es etwas gibt, das Sie nicht sagen oder schreiben können und wollen, dann sagen oder schreiben Sie es auch nicht. Suchen Sie nach einer anderen Möglichkeit, das Problem anzugehen. Wir können uns jedem Problem auf eine Weise nähern, die ehrlich und für uns akzeptabel ist. Wie schon gesagt, würde ich niemals schreiben, dass ich für Shanes Tod dankbar bin. Aber ich fühle mich wohl dabei, wenn ich Dankbarkeit dafür artikuliere, wie sehr ich ihn vermisse und liebe, wie zornig ich darüber bin, dass er nicht mehr da ist, und wie sehr ich mich betrogen fühle, weil ich nicht erleben darf, wie er heranwächst und ein Mann wird. Wahrscheinlich haben wir alle so einen verbotenen Bereich, über den wir nicht schreiben oder sagen wollen, dass wir dankbar dafür sind, weil das unseren Schmerz nur banalisieren würde.

Vielleicht ist auch für Sie ein Thema tabu, etwa eine Scheidung oder jemand, der Sie missbraucht hat. Dann können Sie dieses Thema über einen Umweg angehen. Dankbarkeit für eine Tragödie zu äußern, ist ein Sakrileg. Aber Ihre Gefühle hinsichtlich dieser Ereignisse sind nicht tabu, und wir müssen nach einer Möglichkeit suchen, sie in unsere Liste aufzunehmen. Schreiben Sie also, dass Sie dankbar dafür sind, wie verängstigt Sie sich fühlen, wie viel Zorn Sie verspüren, wie sehr Sie den Menschen verachten, der Sie verletzt oder missbraucht hat, dass Ihnen der Vorfall nicht mehr aus dem Sinn geht oder dass Sie dem Menschen, der Sie verletzt hat, nicht vergeben wollen. Ich kenne Ihre verbotenen Bereiche nicht. Ihre Grenzen liegen tief in Ihnen selbst, nur Sie können sie ziehen.

Machen Sie diese Methode nicht allzu kompliziert. Belassen Sie sie so einfach, wie sie es tatsächlich ist. Sie wird Ihnen tiefgreifende Ergebnisse liefern.

Das Projekt Wunder funktioniert auf der Basis therapeutischer und spiritueller Prinzipien. Diese Prinzipien oder universalen Gesetze sind die Ursachen – was wir Wunder nennen, sind die Wirkungen. Indem wir unsere tabuisierten Emotionen artikulieren, unsere Probleme aufschreiben, die wir entweder verleugnen oder gegen die wir uns wehren, und uns ihnen hingeben, richten wir uns nach der Energie und nach dem Höchsten Bewusstsein aus. Wir versetzen uns in die Lage, das Beste zu empfangen, was das Leben für uns bereithält.

Ich lernte die Kraft des Nichtwiderstehens kennen, als ich aktiv Aikido praktizierte, eine sanfte Kampfkunst, die nur der Selbstverteidigung dient. Wer Aikido übt, nimmt jede Energie auf, mit der ihn jemand attackiert, und lenkt sie auf den Angreifer zurück, indem er ihm das antut, was dieser ihm antun wollte.

Mit Kraft allein geht gar nichts – weder auf der Aikidomatte noch auf der Matte unseres Lebens. Doch eine sanfte Berührung, ohne Widerstand angewandt, kann Wunder wirken. Einmal saß ich gerade auf dem Fußboden in einer meditativen Haltung. Eine Reihe von Studenten, die alle größer als ich waren, schubsten einander. Daraus entstand eine Kraft, die auf mich prallte. Solange ich mich entspannte und keinen Widerstand leistete, gelang es diesen Männern und ihrer Energie nicht, mich zu bewegen oder gar umzustoßen. Aber in der Sekunde, da ich mich gegen die an mich anbrandende Kraft wehrte, fiel ich auf den Fußboden. Ich verlor total meine Verbindung mit der Energie.

Ein anderes Mal alberte ich mit meinem Freund herum – einem Mann von über eins achtzig. Spielerisch boxte er mich auf den Arm. Ohne Kraftanwendung, sondern nur mit einer entspannten, widerstandslosen Berührung streckte ich diesen Mann mit einem Finger zu Boden. Er konnte weder aufstehen noch sich rühren – bis ich es zuließ.

Wenn wir jeglichen Widerstand aufgeben, bleiben wir mit einer

Energie in Verbindung, die größer ist als unsere eigene Energie, einer überraschenden Energie, die uns durch die Labyrinthe des Lebens leitet. Doch diese Energie sollte nur im Guten angewandt werden. Alles Existierende ist im Grunde weder gut noch schlecht. Erst die Anwendung oder der Missbrauch der Energie macht es gut oder schlecht. Jede Energie lässt sich missbrauchen. Jede Energie kann aber auch mit Mitgefühl und Liebe angewandt werden.

Während das Verleugnen ein Überlebensinstrument ist, das uns das Leben retten kann, indem es uns Zeit einräumt, unsere Ressourcen zu bündeln und uns darauf vorzubereiten, uns schockierenden Wahrheiten zu stellen, erfüllt der Widerstand nach meiner Erfahrung keinerlei positiven Zweck. Er ist eben kein Überlebensinstrument, sondern entzieht uns nur unsere Energie. Falls Sie nur eins aus diesem Buch lernen, dann hoffe ich, dass Sie erkennen lernen, wann Sie sich anschicken, gegen irgendetwas Widerstand zu leisten. Sobald Sie das erkennen, können Sie den Widerstand durch Hingabe ersetzen, und binnen weniger Augenblicke haben Sie Ihre wesentliche Energie wiedererlangt.

Wenn wir damit aufhören, ständig dem, was wir sind, was geschehen ist, was gerade geschieht und was wir dabei empfinden, zu widerstehen, dann werden Wunder ein ganz natürlicher Teil unseres Lebens. Dann wollen wir nicht mehr bloß an der Oberfläche von Gefühlen oder Problemen flüchtig verweilen. Dann wollen wir nicht mehr ein Leben voller Scheuklappen führen, in der Verleugnung verharren. Dann wollen wir auch nicht mehr unnötigerweise in emotionalem Schmutz oder in Problemen herumwühlen. Und so entkommen wir der Abwärtsspirale.

Das Projekt Wunder hält uns stetig in einer Aufwärtsspirale. Wir entdecken unsere persönliche Geschwindigkeit, die für uns genau richtig ist. Es ist ein weiteres Paradoxon des Lebens, eine Ironie des Schicksals: Wenn wir uns hingeben und das, was wir als negativ verurteilen, akzeptieren, bewegen wir uns ins Licht.

In der Realität sind das Negative und das Positive nur die beiden Seiten derselben Münze. Nach und nach führt uns diese Bemühung um Akzeptanz aus dem dualistischen Denken heraus. Gefühle sind emotionale Energie. Wir lernen, dass es kaum einen Unterschied zwischen Trauer und Freude, Angst und lustvoller Erregung gibt. Die Ereignisse sind weder negativ (außer in Tragödien) noch positiv. Erst alle Erlebnisse, alle Höhen und Tiefen zusammen ergeben die Achterbahnfahrt unseres Lebens.
Für jedes Problem, dem wir begegnen, gibt es eine Lösung. Viele von uns schleppen eine schwere Last von Emotionen aus der Vergangenheit mit sich herum. Wir hatten nicht die Unterstützung oder die Fähigkeit, mit diesen Gefühlen umzugehen, als wir sie zum ersten Mal erlebten. So haben sich diese Gefühle in unserem Körper festgesetzt. Manche Menschen, wie die Autorin Louise Hay, meinen, unterdrückte und verleugnete Emotionen könnten zu Krankheiten, ja zum Tod führen. Täglich entstehen auch neue Gefühle in uns. Entweder spüren wir deren Energie und setzen sie frei, oder wir horten die Gefühle zusammen mit den anderen. Wir müssen nichts inszenieren, wenn wir Emotionen verarbeiten. Wir müssen nur die emotionale Energie spüren und freisetzen, um selber klar zu bleiben. Gefühle treten selten alleine auf, sondern meistens in drei Schichten. So empfinden wir zum Beispiel Zorn, darunter Verletztheit und darunter wiederum Schuld. Wir sollten so tief gehen, wie wir es können. Manche Menschen brauchen länger als andere, um diese Schichten zu entdecken, zu verspüren und freizulegen. Doch wenn wir dann die festgefahrenen Emotionen loslassen, gelangen wir augenblicklich ins Gleichgewicht. Wenn wir etwas wissen oder tun müssen, dann werden wir es instinktiv wissen oder tun. Unser Leben entwickelt sich auf natürliche Weise, wenn wir uns nach uns selbst, nach dem, was Gott für uns will, also nach dem Schicksal und dem Höchsten Bewusstsein richten.

In den siebziger Jahren des vorigen Jahrhunderts schrieb Frederick Perls ein Buch über Gestalt-Therapie, eine Methode zur Verarbeitung von Emotionen. Es war eines der ersten Bücher der Selbsthilfebewegung, lange bevor man in Buchhandlungen ganze Reihen von Selbsthilfebüchern fand. Der Gestaltbegriff ähnelt im Wesentlichen der Idee, die im Wort *holistisch,* »ganzheitlich«, steckt: Geist, Körper und Seele hängen zusammen, unser Körper ist mehr als eine Maschine, und wir sind mehr als die Summe unserer einzelnen Teile. Perls glaubte, in einem geeigneten Umfeld würden die Menschen auf natürliche Weise Emotionen empfinden und freisetzen. Wie in den Pflanzen vollzieht sich auch in uns Menschen das Wachstum ganz natürlich, wenn unsere wesentlichen Bedürfnisse befriedigt werden und wir uns geschützt und sicher fühlen. Um gestalten zu können, verleugnen wir unsere Gefühle nicht, sondern lassen die emotionale Energie an die Oberfläche gelangen und uns von ihr mitnehmen. Mit anderen Worten: Vertrauen Sie Ihrem Prozess.

Am Anfang dieses Kapitels habe ich einige Vorteile der Zusammenarbeit mit einem Partner beim Projekt Wunder erwähnt. Einen Vorteil habe ich mir bis jetzt aufgespart.

Der Autor Napoleon Hill, der den Klassiker *Denke nach und werde reich* schrieb – ein weiteres Buch, dessen Konzepte funktionieren, wenn Sie sie sich zu eigen machen –, nennt das Vernetzen und Arbeiten mit einem oder mehreren Menschen mit den gleichen Zielen und der gleichen spirituellen Entwicklung *Masterminding*. Da in unserer Welt alles aus der gleichen Energie besteht, hat die Vernetzung Gleichgesinnter eine starke Kraft zur Folge. Gemeinsam erzeugen wir eine Energie, die wir allein nicht erzeugen könnten. Das ist schwer nachzuvollziehen, bis wir selbst erleben, wie es funktioniert.

Der gleiche geheimnisvolle Prozess ereignet sich in einer guten Gruppe oder auch nur zwischen zwei Menschen, deren Herzen offen sind, wenn sie als Team arbeiten. Jeder Einzelne wird, wenn er mit dem oder den anderen vernetzt ist, mehr, als er allein ist. »Denn wo zwei oder drei versammelt sind in meinem Namen, da bin ich mitten unter ihnen«, heißt es im Evangelium des Matthäus (18,20). Wenn wir den oder die richtigen Menschen finden und mit ihnen am Projekt Wunder arbeiten, ergibt eins plus eins drei.

Wird das Projekt Wunder bei Ihrem Problem funktionieren? Ich kann es Ihnen zwar nicht versprechen, aber ich wüsste nicht, warum es das nicht tun sollte. Der einzige Mensch, den ich kenne und bei dem es erfolglos war, ist ein Mann, der eines Abends in meinen Kurs kam, für sich feststellte, dass das Projekt nicht funktionieren würde, und sich weigerte, es auszuprobieren. Bislang hat es bei mir immer gewirkt. Und ich habe erlebt, dass es auch bei anderen Menschen, die sich zehn Minuten pro Tag ernsthaft und aufrichtig damit befassten, gute Wirkungen hatte.

Wie das Projekt Wunder bei Dr. Joi und mir funktionierte

Dr. Joi und ich fingen an der Oberfläche unserer Gefühle und Gedanken an. Als wir beide im Laufe der folgenden Wochen und Monate immer tiefer gingen, veränderten sich unsere Listen. Unter ihrem Zorn und ihrer Wut fand Dr. Joi Angst, Selbstzweifel, Verletztheit und tiefes Misstrauen. Dann ließ sie ihre Geheimnisse heraus. Nachdem das Scheidungsverfahren angelaufen war und ihr Schmerz zunahm, begann Dr. Joi, ihre Gefühle in Alkohol zu ertränken. Es fing mit einem Drink nach der Arbeit an. Aus einem Drink wurden fünf Drinks. Schon bald trank sie täglich, und dann trank sie allein – zwei Warnsignale bei Alkoholabhängigkeit. Ich reagierte nicht darauf und kommentierte es nicht. Das war unsere Übereinkunft. Kein Feedback, keine Urteile, Kommentare, Ratschläge oder Versuche, dem anderen beim Lösen eines Problems zu helfen – selbst als wir merkten, dass wir es mit einer Alkoholabhängigkeit zu tun hatten. Jede schrieb ihre Liste, las erst sie und dann die Liste der anderen. Wir akzeptierten uns selbst und einander – so, wie wir waren. Wir vollbrachten Wunder, indem wir auf bedingungslose Liebe setzten.

Dr. Joi hatte noch mehr Geheimnisse, über die sie schrieb. »Ich bin dankbar, dass ich nachts nicht ohne Schlaftabletten schlafen kann«, schrieb sie bald darauf. »Heute Abend nahm ich nach einer reichlichen Mahlzeit ein Abführmittel, und dafür bin ich dankbar. Ich bin dankbar, dass ich nur gut 50 Kilo wiege. Ich bin dankbar, dass ich gut aussehe und so mager bin. Ich bin dankbar, dass ich mehr als gut aussehe – ich sehe toll aus. Ich weiß auch, dass ich mich aufbauen muss, weil ich so viel Zeit damit verbracht habe, mein Selbstwertgefühl aufzugeben.«

Dr. Jois Geheimnisse – Alkoholismus, Abhängigkeit von Schlaftabletten und eine Essstörung – kamen nach und nach heraus. Es dauerte eine Weile, bis sie die Worte *abhängig* oder *Alkoholikerin* gebrauchte. Als sie so weit war, kamen die Worte von selbst aus ihr heraus. Sie bat mich nicht um meinen Rat. Ich bot ihr keinen an. Sie schaffte es großartig allein. Nach all den Jahren der Zurückweisung durch ihren Mann und aufgrund von Kindheitsproblemen (ihre Mutter sagte ihr ständig, sie sehe hässlich und fett aus) fühlte sie sich alles andere als begehrenswert. Obwohl sie gern kochte und aß, nahm sie nach jedem Essen Abführmittel. Sie wurde panisch, wenn sie auch nur ein halbes Pfund zunahm.

Nachdem Dr. Joi und ich das Projekt Wunder vierzig Tage lang zusammen durchgezogen hatten, wollte keine von uns aufhören. Noch immer praktizieren wir die Methode fast täglich. Jede von uns wendet sie an, wenn sie will und weil wir es wollen. Wenn wir aufhören, klappt unser Leben nicht so gut, und wir fühlen uns nicht so gut, friedlich und vertrauensvoll und sind nicht so gegenwärtig für jeden Augenblick, wie dies der Fall ist, wenn wir uns ein paar Minuten Zeit nehmen, um mit uns in Kontakt zu treten.

Weil sie das Projekt Wunder genau so praktiziert, wie ich es beschrieben habe, ist Dr. Joi inzwischen seit über einem Jahr trocken. Regelmäßig besucht sie eine Selbsthilfegruppe. Sie hilft anderen Menschen und sich selbst. Keinen Alkohol und keine Schlaftabletten mehr. Seit über einem halben Jahr nimmt sie auch keine Abführmittel mehr. Während der ganzen Zeit habe ich nicht ein einziges Mal ihre Probleme kommentiert. Ich akzeptiere und liebe sie bedingungslos, genauso, wie sie mich akzeptiert und liebt.

Abgesehen von den neuen Verhaltensweisen, die sie annahm, und den alten, die sie fallenließ, hat Dr. Jois Stimme – selbst ihre »Schreibstimme« – eine neue Stimmung und Tonlage angenommen. Die meisten Tage bin ich einfach fröhlich, wenn ich ihre Liste lese. Das ist nicht mehr die gleiche Frau, die ich bat, meine Wunderpartnerin zu sein. Wir lachen und weinen zusammen und lassen unsere Wut raus, die uns manchmal nicht mehr aufzuhören scheint. Und bei all den Emotionen stellen sich unsere Wunder immer wieder neu ein.

»Ich habe entweder meinem Ex-Mann vergeben, oder ich bin auf dem besten Weg dazu«, schrieb Dr. Joi einmal. »Und ich hüpfe nicht mit irgendeinem Neuen ins Bett oder stürze mich auf die erstbeste Beziehung, eine alte Verhaltensweise, auf die ich mich früher einließ, weil ich dachte, ich würde mich dann besser fühlen, während ich mich nur noch schlechter fühlte. Zum ersten Mal in meinem Leben fühle ich mich rundherum wohl – mit allem, was ich bin.«

Dann schränkte sie diese Bemerkung ein. »Jedenfalls die meisten Tage«, fügte sie hinzu. Wir haben beide Tage, die anstrengend sind, an denen wir uns nicht friedlich fühlen und uns selbst nicht besonders mögen. Aber wir reagieren nicht darauf. Wir wissen, dass das vorübergeht. Wir wissen, dass es ganz normal ist, Tage zu haben, an denen wir uns unwohl fühlen. Wir haben uns eben nicht nur den Akt der Selbstliebe zu eigen gemacht, sondern auch die ständig wechselnden Zyklen des Lebens akzeptiert.

Ich habe aus erster Hand miterlebt, wie Dr. Joi viele Wunder vollbrachte. Das größte Wunder, das ich sehe und spüre, besteht darin, dass sie wahrhaft glücklich ist. An dem Tag, als ich sie kennenlernte, sah sie äußerlich gut aus. Das tun viele Menschen. Aber in ihr herrschte Chaos, und schmerzliche Geheimnisse, die sie jahrelang für sich behielt, erfüllten sie.

Das Gute daran war: Je mehr Geheimnisse sie hatte, desto mehr Wunder bekam sie. Wenn sie oder ich zugab, dass wir jemanden nicht mochten oder hassten, konnten wir frei darüber auf unserer Liste schreiben, wofür wir an dem betreffenden Tag dankbar waren. Nichts war tabu. Je mehr wir über unseren Hass schrieben, desto mehr verwandelte er sich in Vergebung. Aus Verwirrung wurde, wenn wir sie beschrieben, Sicherheit. Auch machten wir unseren Frieden mit unserer Unwissenheit. Zorn verwandelte sich langsam in das Wunder, dass wir uns so zeigen konnten, wie wir wirklich waren. Wir begannen zu erkennen, dass unser Zorn andere Gefühle maskierte – Verletztheit, Schuldgefühle oder Angst. Wir mussten diese Gefühle nicht mehr für uns behalten. Wir konnten schreiben, wie wir uns wirklich fühlten, ohne Angst haben zu müssen, verurteilt zu werden. Wir lernten, besser und rascher mit Gefühlen umzugehen. Sie nervten uns nicht mehr so. Wir hörten auf, Gefühle als negativ oder positiv zu bewerten. Schließlich waren wir so weit, dass aus unserem Zorn schnell Gelächter wurde.

Für Dr. Joi verwandelte sich die Sucht in das Wunder der Genesung. Jedes Geheimnis wurde ein Geschenk. Heute nimmt Dr. Joi keine Abführmittel mehr, wenn ihre Hose ein wenig spannt, sondern trägt einfach eine legerer sitzende Hose. Sie braucht keinen Drink mehr, um den Schmerz zu lindern. Sie braucht keine Schlaftabletten, um schlafen zu können. Doch genau wie Sage meint auch Dr. Joi, dass das größte Wunder, das sie vom Projekt Wunder erhielt, sie selbst sei.

Eines Tages begann ich, mir Sorgen zu machen, denn sie schrieb auf ihre Liste, dass sie dankbar dafür sei, den ganzen vorherigen Tag mit ihrem Seelengefährten verbracht zu haben. *Du lieber Gott,* dachte ich. *Nachdem sie so schöne Fortschritte gemacht hat, lernt sie nun irgend so einen Blödmann kennen.* Ich wartete mit meiner Antwort. Wir wollten ja keine Kommentare abgeben. Weil ich an diesem Buch arbeitete, hatte ich mich zurückgezogen und die Wundermethode nicht täglich praktiziert, sondern nur gerade einmal pro Woche. *Worauf hat sie sich da bloß eingelassen?,* fragte ich mich. Ich musste es wissen.

Ich versuchte, ruhig zu bleiben, als ich ihre E-Mail beantwortete. »Du hast den gestrigen Tag mit deinem Seelengefährten verbracht? Hast du einen Neuen kennengelernt? Muss ich dich jetzt jeden Tag im Auge behalten?«, erkundigte ich mich betont lässig.

Sie begann ihre Antwort mit einem »LOL« – dem Kürzel für »Laughing out loud«, also lautes Lachen. »Ich meinte damit, dass ich den ganzen Tag am Strand mit dem Höchsten Bewusstsein herumhing«, schrieb sie dann. »Entspann dich. Mir geht's gut.«

Ein anderes Mal erwiderte sie auf eine besorgte E-Mail von mir: »Keine Sorge. Alles wird gut. Der UPS-Typ hat mir das gerade gesagt.«

Der UPS-Typ?, dachte ich. *Hat sie den Verstand verloren?*

Ich überlegte mir meine Antwort genau. Ich wollte schließlich nicht gegen die Regeln verstoßen. Doch ihre E-Mail machte mich echt nervös. »Der UPS-Typ?«, schrieb ich dann einfach.

»UPS heißt Universal Power Source – meine universale Energiequelle. Ich hänge jetzt mit Gott herum«, antwortete sie.

Puh! *Vielleicht sollte ich damit aufhören, mir ihretwegen Sorgen zu machen, und anfangen, die Wundermethode mehr für mich allein anzuwenden,* dachte ich. Offenbar bin ich diejenige, die Hilfe braucht.

Eines Tages, als Dr. Joi und ich miteinander telefonierten, kamen wir auch darauf zu sprechen, wie lange und hart wir nun schon am Projekt Wunder arbeiteten, obwohl es doch täglich nur ein paar Minuten in Anspruch nahm. »Ich bin dankbar für meine Co-Abhängigkeit und meine idiotische Entscheidung, meinen Ex-Mann zu heiraten«, schrieb sie dann tagtäglich. Und ich schrieb jeden Tag, wie sehr mein Körper schmerzte und wie sehr ich es hasste, dass er zusehends verfiel. Es gab Wochen und manchmal sogar Monate, in denen es so aussah, als würde sich an unseren Listen und in unserem Leben nicht viel ändern.

Aber je mehr Zeit verging, desto häufiger schrieben wir über Ereignisse, für die wir echte Dankbarkeit empfanden. Dr. Joi war dankbar für ihren Sohn. »Ich hätte ihn nicht bekommen, wenn ich meinen Ex nicht geheiratet hätte«, schrieb sie. Es dauerte etwa anderthalb Jahre, bevor ihr Zorn über ihren Ex-Mann nachzulassen begann und sich dann immer mehr legte. Ab und zu kommt der Zorn noch in ihr hoch, genauso wie meine körperlichen Schmerzen und mein Zorn darüber in mir hochkommen, obwohl es mir jedes Jahr bessergeht. So betrachtet, werde ich nahezu vollkommen gesund sein, wenn ich sterbe.

»Das geschah nicht über Nacht«, schrieb Dr. Joi, als ich ihr gegenüber bemerkte, wie sehr sie sich verändert habe. »Wir haben hart daran gearbeitet. Bloß dass es keine Arbeit war«, meinte Dr. Joi. »Es war ein Ticket zu irgendeinem Ort, an den ich mich schon immer begeben wollte.« Ihre Dankbarkeit war echt. Genauso wie meine.

Eines Tages hatte ich so schlimme Schmerzen, und mein Herz hatte sich so sehr verkrampft, dass ich nur noch schreiben wollte, wie sehr ich für alles dankbar sei. Ich war fix und fertig, fing aber dennoch mit meiner Liste an. Als ich etwa zur Hälfte damit durch war, empfand ich Dankbarkeit dafür, dass ich lebte. Ich war dankbar dafür, dass ich Dr. Joi als Wunderpartnerin hatte, und dankbar dafür, dass sich das Leben dafür entschieden hatte, mir diese Methode beizubringen. Und als aus den Tagen Jahre wurden, gingen Dr. Joi und ich immer tiefer, bis wir unseren innersten Kern erreichten. Und genau da begannen die Wunder, wirklich zu strömen.

Diese Methode lohnt sich übrigens auch deshalb, weil sie es fast unmöglich macht, nicht echte Liebe und Mitgefühl für andere Menschen und schließlich auch für sich selbst zu empfinden.

Als ich mich entschied, dieses Buch zu schreiben, gestattete Dr. Joi mir großzügig – in einem Akt des Dienens und der Liebe –, ihre Geschichte darin aufzunehmen. »Wenn das Projekt Wunder anderen Menschen nur halb so viel hilft, wie es mir hilft, dann ist es wichtig, dass die Menschen dieses Buch bekommen«, schrieb sie. »Sie brauchen eine solche Methode zur Heilung dringend. Es ist eine so starke Methode. Wir sollten sie nicht für uns behalten.«

Im Anhang des Buches werden Sie Musterlisten aus den Jahren finden, in denen wir als Partner die Wundermethode anwendeten. Diese Methode ist höchst persönlich und privat, das ist ein Teil ihrer Stärke. Weil oft heikle Dinge zur Sprache kamen und ich Dr. Jois Anonymität wahren wollte, habe ich ihre Listen in einigen Punkten bearbeitet, sie ansonsten aber unverändert wiedergegeben. Das gilt auch für meine Listen. Diese Listen sollen Ihnen einen guten Eindruck von dem vermitteln, was Sie tun sollen. Wenn Sie Ihre Listen richtig erstellen, dann werden sie voller Schreibfehler sein, es werden Wörter fehlen, und das Ganze wird ziemlich schlampig aussehen. Das ist völlig in Ordnung. Bitte überarbeiten Sie Ihre Listen nicht, sonst geht der Teil von Ihnen, der da schreibt, verloren.

Das nächste Kapitel ist kurz. Ich werde ein paar Wunder schildern, die ich im Juli und August 2009 in meinem Wunder-Workshop in Südkalifornien erleben durfte. Während ich dieses Buch schreibe, bekomme ich Anrufe von Menschen, die mir von neuen Wundern berichten wollen, die sie gerade empfangen haben. Eigentlich hatte ich diesen Workshop gar nicht abhalten wollen. Mein Rücken schmerzte, und ich hatte enge Ablieferungstermine. Aber dann wurde dieser Wunder-Workshop der lohnendste Workshop, den ich je leiten durfte.

Übungen

1. Es wird Zeit, dass Sie mit dem Projekt Wunder anfangen. Sie haben inzwischen genügend Informationen. Machen Sie sich keine Sorgen darüber, ob Sie auch alles perfekt machen. Wie Sie es machen, wird es gut genug sein. Wenn Sie ernsthafte Probleme haben, schreiben Sie eine Mail an Melody@MelodyBeattie.com, und ich werde Ihnen antworten, sobald ich kann. Aber eigentlich sollten Sie keine Schwierigkeiten haben. Ich werde die Antwort auf meine Internetseite setzen, ohne Ihren Namen zu nennen, denn es könnte genau die Antwort sein, die auch ein anderer braucht. Wenn Sie noch nicht bereit sind, das Projekt Wunder anzugehen, dann legen Sie eine Aufgabenliste an, wobei Sie sich am Inhalt dieses Kapitels orientieren können. Sammeln Sie alles, was Sie brauchen. Überlegen Sie sich, ob Sie jemanden bitten, Ihr Partner zu sein, oder ob Sie die Methode allein anwenden möchten.
2. Lesen Sie die Musterlisten zum Projekt Wunder von Dr. Joi und mir im Anhang dieses Buches, wenn Sie Anregungen brauchen.

3 | Ein Raum voller Wunder

Der Wunder-Workshop

Im Juni 2009 erklärte mir Tiffany, die ich vor kurzem kennengelernt hatte, ich müsse den Menschen doch mehr von mir mitteilen, und selbst wenn ich das nicht wolle, müssten die Menschen erfahren, was ich zu sagen hätte. Ich widersprach ihr. Ich bin Autorin. Ich halte nur noch selten Gesprächsrunden ab, es sei denn in meiner Gegend oder wenn es um Spenden für Hilfsprojekte geht, die ich unterstütze. Doch dann dachte ich: *Wäre es nicht toll, das Projekt Wunder zu testen? Bei mir und meiner Wunderpartnerin hat es funktioniert, aber funktioniert es auch bei anderen Menschen?* Dieses Buch war damals mehr als überfällig. Zuerst wollte ich es früher herausbringen, aber das wäre etwa so gewesen, als hätte ich im sechsten Monat die Wehen erzwingen wollen, wenn das Baby froh ist, dort zu sein, wo es ist, und auch mein Körper es noch länger austragen möchte. Inzwischen hatte ich gelernt, dass ein Buch sich verspätet, weil noch etwas Wichtiges hineingehört, das ich noch nicht herausgefunden habe. Und nun eine Gesprächsrunde in ein paar Wochen zusammenstellen, samt Werbung und all dem, was sonst noch dazugehört?

»Du hast nicht mehr genügend Zeit, einen Workshop anzukündigen und Teilnehmer zu finden. Das wird nicht klappen«, sagte ich zu Tiffany. »Bestimmt nicht.«

»Doch«, sagte sie. »Ich schaff das schon.«

Wie gesagt, hatte das Projekt Wunder bei mir und Dr. Joi funktioniert. *Doch das sind nur zwei Menschen,* dachte ich. *Das reicht nicht als Kontrollgruppe.* Aber das Ganze mit einer Gruppe von

Fremden zu versuchen, die noch dazu aus Los Angeles kamen? Es zu einer Teststudie machen? Ich wusste nicht, wovor ich mehr Angst hatte: dass der Workshop nicht stattfinden oder dass er stattfinden würde.

Der Wunder-Workshop wäre eine echte Feuerprobe. *Ich könnte es ja mal versuchen,* dachte ich. Entweder es funktioniert, oder es funktioniert nicht. Ich war bereit, mich und das Projekt Wunder von Tiffany den Wölfen von Los Angeles vorwerfen zu lassen.

Ich setzte eine Anzeige für den Workshop auf meine Internetseite. Ich weiß nicht, wie Tiffanys Werbung aussah. Sie wirkte ein wenig überrascht, als ich ihr erklärte, was ich bringen wollte. Wahrscheinlich dachte sie, wie die meisten Leute, dass ich ganz begeistert einen Workshop über Co-Abhängigkeit abhalten wollte. Das wäre einst durchaus der Fall gewesen, damals, im Jahr 1986, aber inzwischen hatten wir 2009.

Ich glaubte, mir keine Sorgen machen zu müssen, denn wir warben für ein Seminar über das Vollbringen von Wundern in Los Angeles nur drei Wochen im Voraus. Konnten wir in dieser kurzen Zeit auch nur vier Leute finden? *Unmöglich,* dachte ich. *Das glaubt doch keiner, dass irgendeine Lady namens Melody Beattie aus Minnesota mit einem Fargo-Akzent weiß, wie man Wunder vollbringt, und überdies lehren kann, wie man das in sechs Wochen selber schafft.* Schließlich verkaufte ich mich weder als Guru noch als Heilerin oder Pfarrerin. Ich hatte ja nicht mal einen Doktor über das Thema gemacht.

Ich werde ganz allein in dem Vortragssaal sitzen, dachte ich. *Die Zeit kann ich besser nutzen, um das Buch zu schreiben.*

Ich hatte mir kaum Gedanken darüber gemacht, wie ich eine Gruppe darin unterrichten sollte, das Projekt Wunder in die Tat umzusetzen. In vielerlei Hinsicht erschien mir das weitaus komplizierter, als Menschen, die das Wort noch niemals gehört hatten, beizubringen, was *Co-Abhängigkeit* bedeutet. Dr. Joi hatte ich die Wundermethode vermitteln können, weil ich sie täglich mit ihr praktizierte. Aber dann sagte ich mir wieder, ich bräuchte mir da keine Sorgen zu machen. Wer wird sich schon durch den dichten Verkehr quälen, um am Abend jemanden zu hören, der den neuesten Psychologietrend verkaufen will, noch dazu zum Thema »Vollbringen von Wundern«? Das wahre Wunder wäre es doch, wenn sich überhaupt jemand anmelden würde. Shirley MacLaine hatte das vor Jahren treffend formuliert: »Los Angeles ist voller Spinner und Fanatiker.« Und ich gehörte auch dazu.

Und dann kam der Abend, an dem der Workshop stattfinden sollte. Es war selbst für Anfang Juli ungewöhnlich heiß. Mein Haus am Strand hatte keine Klimaanlage, und bislang hatte ich auch keine gebraucht. Die Brise vom Ozean kühlte die Luft auf natürliche Weise ab. Doch das Wetter war umgeschlagen. Es dauerte ewig, bis ich fertig war. Ich schwitzte schneller, als ich mich abtrocknen konnte. Die anschließende Fahrt durchs Tal dauerte doppelt so lange wie sonst, weil aufgrund von Baustellen die kurvenreiche zweispurige Straße auf eine Spur verengt worden war. Als ich den Canyon endlich hinter mir hatte, bog ich scharf rechts auf den Highway 101 ab. Dabei fiel mir meine offene Wasserflasche in den Schoß. Nun schwitzte ich nicht nur, sondern hatte auch eine klatschnasse Hose.

Als ich endlich bei der Adresse ankam, wo der Workshop stattfinden sollte, gab es keinen Parkplatz mehr. Ich musste zwei Blocks weiter parken. Da man während des Fahrens nicht mit dem Handy telefonieren darf, hatte ich meins nicht mitgenommen und konnte Tiffany nicht anrufen, um sie um Hilfe zu bitten oder ihr zu sagen, dass ich da sei. So musste ich die zwei Dinge tun, die mir seit meiner Bandscheibenoperation am meisten weh taten: meine Sachen tragen und laufen. Ich hatte Plastiktüten mit etlichen Büchern und einen Wäschekorb voller Informationsmaterialien dabei, die ich zwei Blocks weit und dann noch ein paar Treppen hochschleppen musste. Mein Körper heilte extrem langsam. Mittlerweile konnte ich zwar viele Dinge tun, die ich im letzten Jahr oder im Jahr davor noch nicht geschafft hatte. Doch wenn ich mehr als ein oder zwei Pfund tragen muss, fährt mir der Schmerz wie glühende Nadeln in den Rücken – unfreiwillig falle ich vornüber und berühre mit den Händen den Boden. Ich kann nicht aufrecht stehen, bis die Krämpfe aufhören. Um die Leute nicht zu erschrecken oder komisch auszusehen, tue ich so, als würde ich in meiner Tasche herumwühlen, die ich auf den Boden gestellt habe, bis die Krämpfe vorbei sind.

Und nun musste ich etwa zehn Kilo Materialien zwei Blocks weit schleppen. Ich war spät dran, obwohl ich nicht glaubte, dass außer Tiffany sonst noch jemand da wäre. Wenn ein Baum im Wald umfällt und niemand da ist, gibt es dann ein Geräusch? Wenn die Vortragende zu spät kommt, aber niemand da ist, wer sollte sich dann beschweren? Ich trottete den Gehsteig entlang, schleppte mich mit den Tüten und meiner Tasche ab, während ich den Wäschekorb mit dem Fuß vor mir herschob. Sobald ich das Gefühl hatte, dass mir gleich ein Krampf in den Rücken schießen würde, stellte ich alles ab, bis das Gefühl nachließ. Obwohl es selbst für Los Angeles ungewöhnlich heiß war, trocknete die Hitze das Wasser nicht, das ich auf meine Hose geschüttet hatte. Es sah aus, als hätte ich mich eingenässt. Zum x-ten Mal beugte ich mich vor, setzte alles ab und ruhte mich aus. Ich brauchte allein für die beiden Blocks zwanzig Minuten, und die Treppe lag noch vor mir.

Endlich betrat ich den Vortragsraum. Ich muss fürchterlich ausgesehen haben – rot vor Hitze, erschöpft, schweißtriefend, mit durchnässter Hose, sogar meine Haare waren klatschnass. Zu meiner absoluten Verblüffung war jeder Stuhl in dem großen Raum besetzt. Fast vierzig Personen warteten auf mich. Der Saal war rappelvoll! Ich schaute auf die Uhr, um zu sehen, wie sehr ich mich verspätet hatte. *Die sind bestimmt sauer auf mich,* dachte ich. *Aber ich kann's nun mal nicht ändern.* In diesem Augenblick musste ich wie etwas ausgesehen haben, das ein Hund hereingeschleppt hatte. Doch eins wusste ich mit Sicherheit: Was ich diesem Raum voller potenzieller Wundermacher zu bieten hatte, könnte ihr Leben für immer verändern, wenn sie bereit waren, es anzunehmen. Ihr Ärger würde vergehen, der Wert des Projekts Wunder nicht. Also bloß nicht ihre oder meine Zeit mit Erklärungen verschwenden.

Ich ging zum Pult und stellte mich dahinter, als sei das ganz normal. Ich machte mir nicht viele Gedanken über das, was ich sagen würde. Ich sprach ein stummes Gebet und bat Gott, mir zu helfen, von einem Ort der Liebe aus den Workshop abzuhalten. Dann sprach ich zu den Menschen, mit denen ich zusammen war, und sagte, was ich zu sagen hatte. Sie waren gekommen, um zu lernen, wie man Wunder vollbringt. Und genau das sollten sie bekommen. Ich versuchte, meine Sache so gut zu machen, wie ich konnte. Zuerst bat ich alle Teilnehmer, ein Formular auszufüllen, oder zwei, wenn sie ein Exemplar für sich haben wollten. Ich musste sie auffordern, die Datenschutzerklärung durchzulesen und zu unterschreiben und mir zu erklären, ob ich die Informationen über sie in dem Buch, das ich schreiben wollte, benutzen dürfte, wobei ich ihre Anonymität schützen würde. Vor allem aber wollte ich, dass sie über das Wunder, das sie vollbringen wollten, nachdachten und alles, was dazugehörte, aufschrieben. Sie sollten über ihre Ziele, ihre Probleme und ihre Erwartungen an diesen Workshop nachdenken. Ich wollte, dass sie sich (nicht mir) das Wunder klarmachten, das sie brauchten. Denn wie sollten sie sonst am Ende des Workshops wissen, ob sie es auch wirklich bekommen hatten? Außerdem haben geschriebene Worte eine große Kraft. Ich forderte sie auf, die gleichen Dinge zu tun, die ich von Ihnen im zweiten Kapitel dieses Buches verlangt habe.

Es überraschte mich nicht, dass sich am Ende der sechs Wochen gute Ergebnisse zeigten. Doch der überwältigende Erfolg des Projekts Wunder verblüffte mich schon. Ich war mit dieser Gruppe enger verbunden als mit jeder anderen Gruppe, die ich unterrichtet hatte.

Die Aussage von Al fasste die Reaktion der gesamten Gruppe auf das Projekt Wunder am besten zusammen. Al war vermutlich Mitte dreißig. Sein Auftreten verriet mir, dass er ein Erfolgsmensch war. Er hatte eine selbstbewusste, doch zugleich sanfte, freundliche Art.

Eines Abends hob Al die Hand.

»Ja?«, sagte ich.

»Die Wundermethode ist so simpel. Sie ist fast zu simpel«, sagte Al. »Aber sie funktioniert. Es klappt wirklich!«

Und das war erst die dritte Woche.

Wie Sie Wunder in beinahe jeder Situation vollbringen

Ich las die ausgefüllten Formulare der Teilnehmer durch und war ein wenig verblüfft, welche Wunder sie wollten. Sie verlangten nicht nach Ruhm oder Reichtum, sie wollten auch nicht das Rote Meer teilen – doch es gab unerreichbare Dinge, die sie nicht allein schaffen konnten. Auf die Frage, was sie mit einem Zauberstab am liebsten herbeizaubern würden, antworteten die meisten, sie würden sich gern so, wie sie sind, akzeptieren, an sich glauben und Vertrauen in sich haben. Sie wollten auf magische Weise entweder Charakterschwächen loswerden oder sich selbst akzeptieren. Das Wunder, das die Menschen ersehnten und anstrebten, war Selbstliebe.

Manche benötigten Hilfe und Rat, die sie seit Jahren gesucht, aber nicht gefunden hatten, etwa in der Frage, ob sie eine Ehe aufgeben oder retten sollten. Andere wollten finanziell unabhängig sein. Wieder andere wollten beides. Es gab Menschen mit Phobien und Ängsten, die sie erheblich einschränkten. Viele Menschen wollten dünner sein. Andere hatten Essstörungen. Größte Sorgen bereitete mir eine Frau, die bereits erschreckend mager aussah, doch besessen davon war abzunehmen.

Eines Abends bat ich sie um ein Gespräch unter vier Augen. Denn bevor ich mit Menschen arbeite, treffe ich mit ihnen die Vereinbarung, dass sie sich selbst nicht schaden werden. In diesem Workshop trat ich zwar nicht als Therapeutin auf, sondern als Autorin, aber dennoch sorgte ich mich wegen dieser Frau sehr. Ich stellte ihr ein paar Fragen und erfuhr, dass sie sich jedes Mal übergab, nachdem sie gegessen hatte. Wir unterhielten uns ein wenig länger. »Wollen Sie sich dazu verpflichten, im Laufe dieses Workshops nicht zu kotzen?«, fragte ich sie. Sie sah mich an, als hätte ich sie aufgefordert, mir einen Scheck über eine Million Dollar auszustellen.

»Nein«, erwiderte sie dann. »Das will ich nicht.«

Ich wusste ihre Aufrichtigkeit zu schätzen, begriff jedoch nicht, dass die wahre Antwort lautete: »Ich bin ohnmächtig, und ich kann nicht.« Ich entschied mich, sie an dem Workshop teilnehmen zu lassen, obwohl ihr Verhalten lebensbedrohlich war. Wie ich erfuhr, bekam sie zumindest regelmäßig professionelle Hilfe. Manchmal müssen wir schnelle Entscheidungen treffen, und ich mochte sie. Damals fühlte ich mich mit fast jedem Teilnehmer auf diese ungewöhnliche Weise verbunden.

Woche für Woche vergingen die beiden Stunden wie im Flug, und dann war der Workshop zu Ende. Wir waren uns alle einig, uns noch zu einer zusätzlichen siebten Sitzung zu treffen, und kamen in Tiffanys Haus zusammen. Während des Workshops blieb zu wenig Zeit für jeden Teilnehmer, über seine Erfahrungen zu sprechen. Ich wollte alle eingehend befragen, um zu erfahren, wer ein Wunder erfahren hatte und wer nicht. Abgesehen von dem Mann, der nach der ersten Sitzung ausgestiegen war, einem anderen Teilnehmer, der von einem Wunder berichtete, das ich nicht erkannte, und der Frau mit der Essstörung hatten anscheinend alle anderen Wunder erfahren, die das Geld, das sie für den Workshop bezahlt hatten, wert waren. Die Teilnehmer wirkten verändert.

Sie waren sich über Entscheidungen klargeworden, mit denen sie sich seit Jahren herumgequält hatten.

Manche hatten erkannt, was sie tun mussten, und fühlten sich endlich dazu imstande, es zu tun.

Andere spürten, wie ein Wunder nahte. Eine Veränderung hatte eingesetzt. Sie empfingen von der Methode so viel – besonders diejenigen, die einen guten Partner gefunden hatten –, dass sie nach vierzig Tagen gar nicht mehr aufhören konnten, unabhängig davon, ob sich ihr Wunder ganz und gar eingestellt hatte oder nicht.

Genau das erlebten Lisa und Tifara, zwei Frauen, die sich als Wunderpartnerinnen gefunden hatten. Beide litten unter Panikattacken und Agoraphobie. Sie hatten häufig Angst, und ihre Panikattacken waren stark ausgeprägt. »Ich kann mich nicht mal zehn Kilometer von zu Hause entfernen«, erklärte Tifara. »Dann erwischt es mich. Ich kriege keine Luft mehr. Meine Agoraphobie hat mein Leben völlig im Griff.«

Vierzig Tage lang schickten sie und Lisa einander täglich E-Mails. »Ich bin dankbar für die Panik, die mich fertigmacht, die mich daran hindert, das zu tun, was ich tun möchte«, schrieben sie. Häufig waren die Wörter, die sie nach der Formel »Heute bin ich dankbar dafür, dass …« einfügten, fast identisch.

»Dann, nach etwa zwei Wochen, veränderten sich die Dinge«, berichtete Tifara. »Ich schrieb nicht mehr, dass ich für die Panikattacken dankbar sei, die mich im Griff haben, sondern nur noch, dass ich dankbar dafür sei, Angst zu haben. Dann veränderte sich wieder alles. Ich schrieb nun, genau wie Lisa, dass ich dankbar sei für die Verhaltensweisen, zu denen mich meine Panikattacken motivierten. Ich erkannte, dass ich andere Menschen dazu benutzte, mich sicher zu fühlen. Ich manipulierte sie, so dass ich mit meiner Krankheit leben konnte. Zunächst verwandelte sich meine Phobie und danach meine Angst – aus einem Gefühl, das sich meines Körpers bemächtigte, wurden Gedanken in meinem Kopf. Ich erkannte auf einmal, dass es meine Gedanken waren, die Panik und Angst erzeugten.«

Weder Lisa noch Tifara bekamen ihr Wunder in vierzig Tagen. Aber eine Veränderung hatte eindeutig eingesetzt. Die beiden Frauen waren sich einig, dass sie mit der Wundermethode nicht mehr aufhören wollten. Vier Monate nach den vierzig Tagen praktizierten sie die Methode noch immer mindestens dreimal die Woche. »Es geht uns besser, und das ist nicht über Nacht geschehen. Wir haben erkannt, dass die Methode funktioniert. Da konnten wir doch nicht mehr aufhören«, erklärten beide Frauen.

Es spielt keine Rolle, ob das Wunder, das Sie benötigen, klein, groß oder riesig ist. Wenn etwas Ihre Lebenslust und Ihren Seelenfrieden stört und Sie alles dagegen getan haben, was Sie konnten, ohne dass es funktioniert oder Ihnen geholfen hat, dann bedarf dieses Problem eines Wunders. Unbedeutende Wunder gibt es nicht. Denn wenn ein Wunder für Sie eine Rolle spielt, wird es auch für das Höchste Bewusstsein – oder Gott – eine Rolle spielen. Und keine Situation ist zu groß, als dass Sie dank dieser Methode nicht mit ihr fertig würden. Probieren Sie es aus. Sie werden schon sehen.

Wie Sie mit aufkommenden Gefühlen umgehen

Am ersten Abend des Workshops forderte ich die Teilnehmer auf, sich selbst auf einer Skala von eins bis zehn einzustufen – es ging dabei um die Frage, wie sehr sie sich ihrer eigenen Gefühle und Probleme bewusst waren. Alle bis auf zwei bescheinigten sich selbst ein hohes Maß an Gefühls- und Problembewusstsein. Die meisten hatten sich jahrelang einer Therapie unterzogen oder professionelle Hilfe gesucht. Sie waren sicher, dass sie sich selbst kannten (und nicht mochten).

Im Laufe der vierzig Tage, an denen sie die Methode anwandten, wurden die Gefühle, die sie verleugnet hatten, ganz und gar offenkundig. Genau dasselbe geschah mit den Problemen, die schon so lange Teil ihres Lebens waren, dass sie sie gar nicht mehr wahrnahmen.

Gefühle sind ein Dilemma, wenn wir uns mit ihnen befassen und sie benennen. Anfangs meinen wir, wir müssten uns nur zusammensetzen und mit der Person, auf die sich unser Gefühl bezieht, ausgiebig über jedes Gefühl diskutieren. Nach ein paar Jahren wird uns klar, dass alles Reden über ein Gefühl nicht unbedingt bewirkt, dass es vergeht. Wir können endlos darüber sprechen, und das kleine Miststück ist noch immer da. Manche Gefühle wie Zorn werden größer, je länger wir über sie diskutieren. Es ist, als ob man einen frisch gesäten Samen regelmäßig gießt und in die Sonne stellt. Manche Menschen meinten, sie hätten nur einige wenige Gefühle aus der Vergangenheit, bis die *systemische Familientherapie* sie eines Besseren belehrte. (Im Rahmen der systemischen Familientherapie gehen wir in unsere Vergangenheit zurück und decken verleugnete Gefühle und Verhaltensmuster aus unserer Kindheit auf.) Sie wurden mutlos, als sie entdeckten, dass jedes Gefühl, das sie bewältigten, durch ein anderes ersetzt wurde. Viele Menschen bekamen Angst davor, den Quell ihrer Emotionen anzuzapfen. »Wenn ich damit anfange, meine(n) … zu spüren« – und hier können Sie Zorn, Angst, Kummer oder Trauer einsetzen –, »nimmt er/sie gar kein Ende mehr.« Diese Erklärung habe ich schon von so vielen Leuten gehört, auch von mir selbst.

In den 1990er Jahren hörten viele Leute damit auf, sich mit ihren Gefühlen auseinanderzusetzen. Wie viele Gefühle sie auch schon empfunden und bearbeitet hatten, es tauchten immer wieder neue auf. Sie wurden es leid, sich mit ihren Gefühlen zu beschäftigen, besonders als die Pharmaindustrie Linderung und ein nicht enden wollendes Glücksgefühl versprach, wenn man täglich nur eine kleine Pille nahm, die »nicht süchtig macht«. Es gab jedoch ein Problem: Die meisten Menschen, die anfingen, diese Pillen zu nehmen, mussten feststellen, dass sie nicht mehr in der Lage und auch nicht bereit waren, damit aufzuhören, und dass die Pillen nach einiger Zeit ihre angebliche Wirkung verloren.

Manche Therapeuten wollten nur dann mit Patienten arbeiten, wenn diese in eine sogenannte chemische Therapie einwilligten, mit anderen Worten »Pillen schlucken«. Die Patienten waren es nicht als Einzige leid, sich mit Gefühlen zu befassen – auch die Therapeuten verloren die Lust, sich mit den Gefühlen anderer Leute auseinanderzusetzen. Denn das verlangt Einfühlungsvermögen und harte Arbeit. Die Pillen erleichterten ihnen ihren Job.

Inzwischen schwingt das Pendel langsam wieder in die andere Richtung. Kleine Gruppen von Menschen gestehen sich flüsternd ein, dass sie Leidenschaft vermissen – keine sexuelle, sondern die Leidenschaft fürs Leben, die wir nur dann empfinden, wenn wir bereit sind, all unsere Gefühle auszuleben. Wie gut wir auch unsere Gefühle zu kennen glauben: Wenn wir mit dem Projekt Wunder anfangen, werden wir wahrscheinlich überrascht darüber sein, was wir die ganze Zeit wirklich gefühlt haben.

Ein Gastredner, Dr. Henry Golden, ein geprüfter Akupunkteur,

Chiropraktiker und Hypnotiseur, ein Mann, der mir nach meiner Bandscheibenoperation sehr geholfen hatte, sprach auf einer unserer abendlichen Sitzungen über den Umgang mit Gefühlen und vermittelte den Teilnehmern genau die Informationen, die sie brauchten. Den Umgang mit ihren Gefühlen zu erlernen, war nämlich für viele Leute eines der erwünschten Wunder.

»Atmen Sie mitten in das Gefühl hinein«, erklärte Dr. Golden. Er sprach davon, wie wichtig es für uns sei, tagsüber ab und zu innezuhalten, sich Zeit zum Atmen zu nehmen und mit seinem Körper in Kontakt zu treten, um zu spüren, wie wir fühlen und wer wir sind. Das Projekt Wunder ist nicht kompliziert, und der Umgang mit Gefühlen ist es auch nicht. Werden Sie sich bewusst, was Sie gerade fühlen. Benennen Sie es. Atmen Sie dann die Energie aus. Setzen Sie sie frei. Setzen Sie sie in Gang. Wenn sich die nächste Emotion einstellt (was unvermeidlich geschehen wird), wiederholen Sie das Ganze.

Atmen Sie weiter.

Das ist alles? Ja. Die besten Therapien sind ganz einfach. Wahrnehmen, Bewusstwerden und Atmen sind oft alles, was wir ins Gleichgewicht bringen müssen. Das Wahrnehmen unseres Atems, unseres Körpers – wie sich unser Oberkörper, unsere Beine, unser Hals oder unsere Stirn anfühlen – kann ein Wunder einleiten. Es kann so einfach sein. Aber wir müssen wirklich innehalten und es bewusst tun. Wenn wir nur daran denken, es tun zu wollen, wird uns das keine Erleichterung bringen. Atmen Sie mitten in den Schmerz hinein. Atmen Sie dann aus und setzen Sie die emotionale Energie mit Ihrem Atem frei. Umgehen Sie die Trauer nicht – atmen Sie direkt in die Stelle hinein, wo der Kummer, die Trauer oder die Depression am meisten weh tun. Halten Sie dort für einen Augenblick Ihren Atem. Atmen Sie dann langsam aus.

Erst das ganze Trara über Gefühle, und dann ist die Lösung so simpel: bewusst werden, wahrnehmen und atmen? Sobald wir alte, festgefahrene, verleugnete Emotionen loslassen – und die werden auftauchen, wenn wir mit dem Projekt Wunder beginnen –, kommen wir ins Gleichgewicht. Wenn wir unser Gleichgewicht finden, verbinden wir uns mit uns selbst. Und dann verbinden wir uns auch mit dem Göttlichen. Auf natürliche Weise wissen wir, was als Nächstes zu tun ist. Wir vernehmen die Lösung für unser Problem. Die kritische Stimme des Selbsthasses, die uns so lange gefoltert hat, wird leiser, bis sie nur noch ein fernes Hintergrundrauschen ist und dann schon bald verstummt. Lösungen, die uns so verwirrend erschienen, und Entscheidungen, die wir nicht treffen konnten, wie sehr wir uns auch bemühten, stellen sich auf ganz natürliche Weise ein. Wir wissen entweder, was zu tun ist, oder stellen fest, dass wir es bereits tun. Wenn wir vom Loslassen reden, heißt das nicht, dass wir nichts tun. Vielmehr entdecken wir, dass wir auf eine fast wundersame Weise das Richtige tun. Was gestern noch ganz nebelhaft und verschwommen war, ist heute völlig scharf und klar. Der Schleier hat sich gelüftet. Oder wie Al sagte: »Es klappt wirklich.«

Ich mache diese Übung nun schon seit 1978 und will nie wieder damit aufhören. Sie zentriert und erdet mich, macht mich bewusst und achtsam. Diese Art von Gegenwärtigsein für mich und für andere ist das Wesen wahrer Liebe. Wie viele Gefühle oder Probleme wir auch haben, wenn wir ehrlich sind, werden sich die entsprechenden Wunder schon ergeben. Atmen Sie weiterhin bewusst mitten in das hinein, was Sie verletzt, und Sie werden mit Ihren Gefühlen fertig werden und wissen, wie Sie Ihre Probleme lösen müssen.

Fast vier Monate nach der letzten Sitzung, während ich gerade an diesem Buch schrieb, läutete das Telefon. Erst erkannte ich die Stimme nicht, die mir auf mein »Hallo« antwortete. Aber wie sich dann herausstellte, war es die Frau mit der starken Essstörung. Ich wollte natürlich, dass alle Teilnehmer des Workshops ein Wunder empfingen, doch am meisten hoffte ich, dass diese junge, schöne, intelligente Frau genau das Wunder bekam, das sie brauchte. Die Welt wartete darauf, dass sie in ihr aufging, indem sie das Leben akzeptierte und schätzte. Sie verdiente es zu leben.

Ein paar Minuten lang redeten wir nur über Oberflächliches. Ich wollte das Problem eigentlich nicht ansprechen, aber dann konnte ich es mir einfach nicht verkneifen. »Musst du dich noch immer übergeben?«, fragte ich sie.

»Ich habe mich seit über zwei Monaten kein einziges Mal mehr übergeben«, erwiderte sie.

Ich spürte am Telefon förmlich ihre Freude. Sie erklärte mir, sie habe an einem Zwölf-Schritte-Programm für Essstörungen teilgenommen. (Anm. d. Red.: Das Zwölf-Schritte-Programm ist ein spirituelles Programm der Anonymen Alkoholiker. Es wird, inhaltlich angepasst, auch von anonymen Gruppen mit anderen Problemen verwendet.) Manchmal geschah es noch, dass sie sich zum Erbrechen bringen wollte. Doch irgendwie gelang es ihr dann, ihre ganze Kraft dafür aufzuwenden, etwas zu beenden, gegen das sie viele Jahre lang machtlos gewesen war.

Während des Workshops geschahen viele Dinge, die mir ein gutes Gefühl gaben. Ich fühlte mich wegen Al und wegen Tifara gut. Ich fühlte mich gut wegen all der Wunder, die Sage bekam, und weil wir Freundinnen wurden und miteinander arbeiten. Ich fühlte mich gut wegen der Menschen, die Hilfe erhielten, schwierige Entscheidungen doch noch zu treffen. Aber bei all den Wundern, die die Teilnehmer des Workshops erlebten, gab es ein Wunder, das mich am glücklichsten machte. Es war das Wunder, das ich für mich gewollt hatte.

Übungen

1. Wenn Sie aufschreiben, wofür Sie jeden Tag dankbar sind, atmen Sie bewusst mitten hinein in Ihre Emotionen, insbesondere wenn Sie über die Gefühle schreiben, die Sie als negativ einstufen. Atmen Sie auch mitten hinein in alle Emotionen, die sich einstellen, wenn Sie über sichtbar werdende Probleme nachdenken.
2. Wenn vierzig Tage vergangen sind und Sie Ihr Wunder noch immer nicht haben, sind Sie dann bereit, dem Projekt Wunder mehr Zeit und ehrliche Mühe zu widmen? Erkennen Sie irgendwelche Veränderungen? Schreiben Sie auf, was sich verändert hat.

4 | Das Projekt Wunder für Kinder

Eine Geschichte von zwei Mädchen

Rebecca, eine Teilnehmerin des Workshops, wendete die Wundermethode regelmäßig an. Eines Tages kam ihr die Idee, das Projekt Wunder so anzupassen, dass es auch für Kinder geeignet ist. »Es ergab sich ganz natürlich«, berichtete Rebecca. »Zuerst sahen meine beiden Töchter, wie ich am Computer am Projekt Wunder arbeitete. Manchmal fing ich dabei zu weinen an, und dann wieder musste ich so ausgiebig lachen, dass mir die Tränen kamen. Sie wurden neugierig und begannen, Fragen zu stellen. Ich erklärte ihnen, ich hätte gelernt, Wunder zu vollbringen, und dazu gehörte auch, eine Liste zu tippen.«

»Manchmal kommen dabei auch Gefühle hoch«, erklärte Rebecca ihren Töchtern. »Sie schauten einander an und verdrehten die Augen. Doch zugleich wusste ich, dass sie die Veränderungen wahrnahmen, die in mir vorgingen. Selbst oder gerade unsere Kinder erkennen, was wahr und gut ist. Ich war während meiner hässlichen Scheidung zornig, bekümmert und deprimiert. Und an vielen Tagen wusste ich nicht, wann ich mein Geld bekommen würde oder ob es überhaupt käme. In meinem Leben gab es so viel Negatives, so viel Trauriges. Dann habe ich vom Projekt Wunder erfahren. Als ich es anging, veränderte sich alles in meinem Leben zum Besseren.« Rebecca schrieb sich für den Wunder-Workshop ein und stürzte sich auf die Methode wie ein Adler auf seine Beute. Sie ist zwar selbst Therapeutin und Musikerin, doch es ist schwierig, sich selbst zu therapieren, und noch schwerer, seinen eigenen Kindern zu helfen. Aber sie begriff sofort das Konzept.

»Das Projekt Wunder kam mir ganz natürlich, einfach richtig vor. Es begann fast augenblicklich, mich und mein Leben zu verändern«, berichtete Rebecca. »Nach der ersten Sitzung rief ich eine Freundin an, der ich vertraute und die es in ihrem Leben auch sehr schwer hatte. Sie schaffte es zwar nicht, zum Workshop zu kommen, doch sie war bereit, meine Partnerin zu sein. Wir begannen mit dem Projekt Wunder gleich in der Nacht nach der ersten Sitzung. Wir schickten uns E-Mails, und das tun wir bis heute. Als ich mein Gleichgewicht wiederfand, brachte ich eine abgespeckte Version vom Projekt Wunder meinen Töchtern bei – Cole ist elf und Mia neun. Ich ließ ihnen zwar keine andere Wahl, aber dazu zwingen musste ich sie auch nicht. Sie mochten die Wundermethode und profitierten von Anfang an davon, genau wie ich.«

Statt die Geschichte von Rebecca und ihren Töchtern nachzuerzählen, lasse ich lieber Rebecca selbst berichten. Es mag andere Möglichkeiten geben, das Projekt Wunder anzuwenden oder anzupassen, aber ich beglückwünsche Rebecca dazu, einen Weg für Eltern und Kinder gefunden zu haben, gemeinsam Wunder zu vollbringen. Unsere Kinder brauchen den Frieden und die Kraft, die sich einstellen, wenn sie lernen, dass auch sie Wunder vollbringen können.

Rebecca erzählt die Geschichte ihrer Töchter

Nachdem ich die Wundermethode sechs Wochen lang angewandt hatte, veränderte sie mich und mein Leben so sehr, dass ich mich fragte, ob das Projekt Wunder auch bei meinen Kindern funktionieren würde. Meine Mädchen wurden gerade ziemlich materialistisch, was an unseren wohlhabenden Nachbarn lag. Statt über das zu sprechen, was sie in der Schule gelernt oder erlebt hatten, unterhielten wir uns nach der Schule auf einmal nur noch darüber, wer was und wie viel hat.

Die negative Stimmung am Morgen hatte sich inzwischen richtig zugespitzt. Gleich nach dem Erwachen beklagten sich die beiden darüber, dass ihre Klamotten nicht gut genug seien und ihr Haar nicht hübsch genug aussehe, dass es uns doch hinten und vorn an allem fehlen würde. Unsere Unterhaltungen hatten sich auf einen Punkt reduziert: »Ich will mehr, mehr, mehr.« Selbst wenn sie neue Sachen bekamen, fanden sie noch immer etwas daran auszusetzen. Sie waren unzufrieden und unglücklich über alles, was wir hatten oder taten.

Ich wusste, dass die Scheidung ihnen viel Kummer bereitet hatte – jenen tiefen Kummer, der mit einem einschneidenden Verlust einhergeht. Auch mein Kummer – es hatte mich ganz heftig erwischt – wirkte sich auf sie aus. Als Therapeutin hatte ich schon mit Kindern von Eltern gearbeitet, die sich gerade scheiden ließen oder bereits geschieden waren. Ich wusste daher, dass ich meinen Kindern nicht selbst helfen konnte. Es wäre besser, wenn jemand anderes mit ihnen arbeiten würde, also brachte ich sie zu einem Kids First Workshop an der Chapman University (in Orange in Kalifornien), einem weltberühmten Programm, das Kindern aus Scheidungsehen psychologische Hilfe bietet. Die Therapeuten erklärten den Mädchen, sie hätten die Scheidung nicht verursacht, sie sei nicht ihr Fehler. Die Mädchen erfuhren alles, was sie lernen und wissen mussten, um mit ihrem Kummer besser umgehen zu können.

Die Sitzungen waren toll – genau das, was meine Töchter brauchten. Sie lernten, Verantwortung für ihre Gefühle zu übernehmen. Sie lernten, dass all ihre Gefühle in Ordnung sind. Sie lernten auch, dass die Scheidung ihrer Eltern etwa so ist, wie wenn sie in der Schule einen Lehrer bekommen, den sie nicht mögen: Es ist eine Chance für sie, praktische Fähigkeiten zu entwickeln, damit sie sich um sich selbst besser kümmern und mit anderen schwierigen Situationen fertig werden können, an denen sie genauso wenig schuld sind. Das Programm war hilfreich. Doch als es zu Ende war, brauchten meine Kinder etwas, das ihnen auch weiterhin eine Stütze sein konnte.

Das Projekt Wunder half mir bereits, meine Schuldgefühle loszulassen, die ich hatte, weil ich die Scheidung eingereicht hatte. Alle Eltern wollen ihren Kindern die besten Fähigkeiten mitgeben, damit sie in ihrem Leben Erfolg haben. Dabei war (und ist) mir die Wundermethode eine große Hilfe. Inzwischen standen auf meiner Dankbarkeitsliste zusätzlich zu den Dingen, die ich hasste oder nicht mochte, auch Dinge, für die ich aufrichtig dankbar war, obwohl unsere Situation wirklich schlimm war. Das Projekt Wunder half mir – aber was war mit meinen Töchtern? Da ging mir plötzlich ein Licht auf.

Es war an einem Morgen, als Cole und Mia sich anzogen, um zur Schule zu fahren. Ihr ganzer Kummer und ihre materialistische Einstellung brachen aus ihnen heraus. Es war einer der schlimmsten Morgen, die wir je hatten. Und da kam mir die Idee, das Projekt Wunder zu vereinfachen und sie die Methode auf eine leichtere, weniger formelle Weise anwenden zu lassen. *Das ist perfekt, genau das, was sie brauchen, um geheilt zu werden,* dachte ich. Ich fragte sie gar nicht erst, ob sie mitmachen wollten.

»Jetzt passt mal gut auf«, sagte ich, während ich den Wagen aus der Garage fuhr, um sie zur Schule zu bringen.

»Ich bin es leid, mir dauernd anzuhören, was schiefgeht, was ihr hasst und was ihr alles nicht habt«, fuhr ich fort. »Von jetzt an möchte ich von euch hören, wofür ihr dankbar seid. Jeder von uns wird also auf der Fahrt zur Schule drei Dinge nennen, für die wir dankbar sind.«
Es funktionierte besser, als ich es mir erhofft hatte. Das Projekt Wunder wirkte bei den Mädchen genauso Wunder wie bei mir.

Wie man das Projekt Wunder vereinfacht

Ich ließ davon ab, das Projekt Wunder mit dem täglichen Schreiben von Listen anzugehen, denn das hätte zu sehr nach Schulaufgaben ausgesehen. Außerdem verkürzte ich die Liste von zehn auf drei Dinge. Kinder haben nicht so ein kompliziertes Leben wie Erwachsene. Zehn Dinge wären zu viel für sie gewesen. Ich wartete auch damit, das Konzept der Dankbarkeit für negative Dinge einzuführen – für das, was sie hassten und nicht mochten.
»Ich fange an«, sagte ich am ersten Morgen. Jeden Morgen nehme ich mir die Zeit, ihnen ein warmes Frühstück zuzubereiten, und ich bin eine gute Köchin. An jenem Morgen aßen wir selbstgemachte Heidelbeermuffins direkt aus dem Ofen, frisches Obst, Rühreier mit Sojamilch, Schokomilch und Apfelsaft.
»Ich bin dankbar für ein warmes Frühstück, für Pünktlichkeit und für eine grüne Welle, so dass wir pünktlich da sind«, sagte ich. »Jetzt bist du dran«, sagte ich zu Cole. »Ich möchte von dir drei Dinge hören, für die du dankbar bist. Dann kommst du dran, Mia.«
»Ich bin dankbar für alle guten Menschen, die mich lieben, egal, wie ich bin«, sagte Cole. »Ich bin dankbar für jeden Teil meines Körpers und dass er mir unter allen Umstän-

den beisteht.« Sie blieb einen Augenblick still. Ich sah, wie sie zum Fenster hinausschaute. »Und ich bin dankbar für die Bäume, die mir Sauerstoff geben, und für die Blumen, die die Erde so schön machen.«

Dann war die zwei Jahre jüngere Mia an der Reihe. Auch sie machte das gut. »Ich bin dankbar für unser Frühstück heute Morgen. Ich bin dankbar für die Schule, weil sie mir alles beibringt, was ich lernen muss, damit ich in der Welt leben kann. Ich bin dankbar für meine Freunde, weil ich mit ihnen reden kann und das Leben durch sie mir viel mehr Spaß macht.«

Ich dachte auch darüber nach, wie ich den Mädchen beibringen könnte, Dankbarkeit für »negative« Gefühle und Ereignisse zu äußern. Inzwischen war mir klar, dass dies der Schlüssel zur Wundermethode ist. Doch eigentlich hätte ich mir keine Gedanken machen müssen, denn meist folgten sie meinem Beispiel, so auch, als es für diese neue Praxis Zeit wurde. Eines Morgens ergab es sich ganz natürlich und einfach. Es war wieder einmal so ein schwieriger Morgen, an dem Cole uns mit ihrer Trödelei dermaßen lange aufhielt, dass wir zu spät aufbrachen. Als wir endlich ins Auto einstiegen, waren wir alle angespannt und wütend.

Wieder begann ich mit der Dankbarkeitsliste, doch an diesem Morgen machte ich es anders. »Ich bin dankbar für ein warmes Frühstück. Ich bin dankbar für das bevorstehende Feiertagswochenende, und ich bin dankbar dafür, dass ich meine Tochter Cole ständig ermahnen muss, nicht herumzutrödeln, sich für die Schule fertig zu machen, und dass wir deswegen alle zu spät kommen«, sagte ich.

Cole kapierte es sofort. »Ich bin dankbar für die Fahrten zur Schule, für ein warmes Frühstück und dafür, dass meine Mama mich jeden Morgen anschreit«, sagte sie. Zum ersten Mal praktizierten wir die echte Wundermethode, und seitdem wenden wir sie immer wieder an. Nicht jeden Tag – vielleicht drei- oder viermal die Woche oder mehr, wenn wir es brauchen oder gerade einen besonders angespannten Morgen erleben, und immer zur gleichen Zeit: morgens, wenn ich die Mädchen zur Schule fahre.

Das Projekt Wunder funktioniert für meine Töchter genauso gut wie für mich. Dankbarkeit für »negative Ereignisse« zu äußern, nimmt diesen Ereignissen für uns alle den Stachel. Es neutralisiert schmerzliche Gefühle. Es ist gar nicht so ungewöhnlich, dass wir auf einmal über etwas lachen, worüber wir zehn Minuten zuvor wütend waren und uns geärgert haben, irgendeinen Vorfall, nach dem wir früher den ganzen Tag schlecht gelaunt gewesen wären. Wenn dem Negativen die Kraft genommen wird, haben wir dadurch die Chance, noch einmal von vorn anzufangen.

Die Mädchen begannen an der obersten Schicht. Sie fingen damit an, dass sie sagten, sie seien dankbar für Dinge wie die Sonne, den Mond, das Gras. Nach und nach gingen sie tiefer, indem sie Dankbarkeit für das, was für sie gut war, äußerten sowie für die Emotionen und Ereignisse, die sie nicht mochten. Das Projekt Wunder versetzte meine Töchter und uns drei als Familie an einen Ort des Akzeptierens, der Hingabe und des Friedens.

Das Projekt Wunder hilft mir immer aufs Neue, je länger ich es anwende. Als die vierzig Tage vorbei waren, wollte ich überhaupt nicht mehr damit aufhören. Ich hatte das Gefühl, gerade erst angefangen zu haben. Wahrscheinlich werde ich es bis zu meinem Lebensende praktizieren. Ich entdecke Ansätze, Menschen, die mir unglaublich weh getan haben, vergeben zu können. Inzwischen weiß ich, dass ich nie wieder allein sein werde. Wie kann ich denn auch allein sein, wenn Gott stets bei mir ist? Ich muss nicht losziehen und mir einen Mann suchen, der die Leere in mir füllt, weil ich nicht mehr leer bin. Ich bin zwar Therapeutin und müsste es verstandesmäßig besser wissen, doch das Projekt Wunder hat mich gelehrt, dass alles nur vorübergehend ist, was auch immer ich fühle oder wie sehr ich leide. Jeder ehrliche Therapeut wird Ihnen sagen, es sei etwas völlig anderes, sich selbst als jemand anderem zu helfen. Wenn ich in Gedanken oder im Gebet keinen Ausweg mehr sehe, beginne ich mit dem Projekt Wunder. Ich schalte den Computer ein und schreibe die Liste. Das ist, als ob ich auf einen Resetknopf in meinem Leben drücke.

Die Methode anzuwenden ist mir keine lästige Pflicht. Es ist nicht etwas, das ich tun muss, sondern ein Durchbruch. Dasselbe gilt für meine Töchter. Nichts ist tabu. Ich versuche gar nicht mehr, vor ihnen vollkommen zu sein. Ich weiß, dass ich es in Wirklichkeit nicht bin. Wir alle dürfen die sein, die wir sind. Was auch immer wir fühlen – wir sind deswegen nicht böse oder haben unrecht. Emotionen sind nicht tabu. Wir dürfen aufeinander wütend sein. Das ist eine Katharsis. Es hilft mir, mich als Mutter wohler zu fühlen.

Früher war ich nicht bereit, an Wunder zu glauben. Ich konnte es einfach nicht, bis ich fix und fertig war. Dann erfuhr ich, dass sich das Leben wirklich um all unsere Bedürfnisse kümmert. Ich werde jeden Tag versorgt und meine Mädchen ebenso. Wenn ich pleite bin, weiß ich, dass das Geld kommen wird. Wenn ich ein Leben voller Wunder lebe, geht es nicht bloß um mich als Person. Es geht um ein Vertrauen in Gott oder in das Höchste Bewusstsein, mit dem ich eins bin.

Mein Selbstwertgefühl war so angeschlagen, als ich die Scheidung einreichte, dass ich es nicht wagte, bescheiden zu sein – zumindest glaubte ich das. Ich war schon zu sehr und zu oft erniedrigt worden. Heute weiß ich, was das bedeutet, und kann gut und gern bescheiden leben. Ich erlebe eine rückhaltlose Liebe, und das ist ein gutes Gefühl.

Jeder kann vom Projekt Wunder profitieren, auch Kinder. Sie brauchen Wunder genauso sehr wie wir. Ich vollbringe meine eigenen Wunder, doch wir vollbringen auch zusammen Wunder, als Familie.

Als ich erfuhr, dass Rebecca das Projekt Wunder für die Anwendung bei ihren Töchtern angepasst hatte, war ich begeistert. Es war mir nicht in den Sinn gekommen, dass diese Methode auch Kindern helfen könnte, wahrscheinlich weil ich selbst keine kleinen Kinder mehr habe. Ich bat Rebecca, ihre Töchter zu fragen, ob sie einverstanden seien, dass ich ihre Erfahrungen in dieses Buch aufnehme. Cole und Mia erklärten, sie würden sich freuen, wenn andere Menschen ihre Geschichte erfuhren. Sie fanden auch, dass die Methode sie zu besseren Menschen mache. Ich drängte sie nicht dazu, über negative oder persönliche Gefühle zu sprechen oder zu schreiben, sondern wollte von ihnen hören, wie sie sich bei dieser Methode fühlten.

Hier einige Dinge, für die Cole dankbar war, wie sie mir schrieb: eine Familie, die sich um sie kümmert und sie liebt, Freunde, Schule, Mittagessen und Essen, das ihren hungrigen Bauch füllt. Außerdem ist sie dankbar für Fernsehen, Telefon, Computer und das Dach über ihrem Kopf.

»Ich bin dankbar für Strandhäuser, den Himmel, die Bildung, die meinen Geist erfüllt, die Tiere, die mein Herz erfüllen, Mathe, mein Haar, Lehrer, Erziehung, Strom, den Strand, die Berge und meine Mutter.« Dann schrieb sie, dass sie lachen musste: »Haha.«

»Diese Methode hat mich auch noch auf eine andere Weise verändert – sie hilft mir, an andere Menschen außer an mich selbst zu denken. Wow!«, schrieb Cole. »Cool! Würde ich anderen Menschen empfehlen, die mit Gott verbunden sein wollen.«

Mia schrieb, die Methode habe ihr geholfen, denn nun könne sie jeden Morgen mit ihrer Mom kuscheln. »Wir drei – Cole, Mom und ich – werden nicht mehr so sauer und streiten nicht mehr so viel miteinander wie früher. Ich fühle mich auch gut, wenn ich etwas mache, etwas schaffe«, schrieb sie. »Ich habe gelernt, dass das Atmen mir dabei hilft, Gefühle zu empfinden. Ich würde diese Methode Leuten empfehlen, die von anderen gestresst werden. Ich bringe sie ihnen gern bei, weil ich ihnen helfen will, sich auch besser zu fühlen.«

»Das ist schon eine ganze Menge«, waren sich die beiden Mädchen einig.

Führen Sie eine neue Familientradition ein

Viele von uns haben in ihrer Familie gelernt, das zu verleugnen, was wir als negative Emotionen bezeichnen. Manche haben sogar gelernt, überhaupt keine Gefühle zu empfinden. Oder man hat uns vielleicht in manchen Situationen erklärt, dass das, was wir miterlebten, eigentlich gar nicht passiert sei. Es kann ein halbes Leben oder länger dauern, die Schäden der Unterdrückung und Verleugnung von Gefühlen zu beheben, die uns seitens der Familie zugefügt wurden. Die Verleugnung hat uns alle möglichen nicht hilfreichen Verhaltensweisen beigebracht, die wir uns dann wieder abgewöhnen müssen.

Dabei ist es so wichtig, dass wir lernen, uns zu vertrauen: unseren Gefühlen und dem, was wir sehen, wie es passiert. Die Verleugnung schädigt unsere Intuition. Wenn man uns erklärt, dass unsere Gefühle schlecht, falsch oder »daneben« seien oder dass das, was wir sehen, eigentlich gar nicht passiere, dann schadet das der uns innewohnenden Intuition und unserem Vertrauen in uns selbst.

Das Projekt Wunder mit unseren Kindern zu praktizieren, kann solche emotionalen Schäden beheben. Statt zu warten, bis sie zwanzig oder dreißig Jahre alt sind, können unsere Kinder schon mit zehn geheilt werden. Das ist an sich schon ein Wunder. Die Wundermethode kann einer Familie durch harte Zeiten hindurchhelfen, und früher oder später werden die meisten Familien solche Zeiten erleben. Tun Sie sich und Ihrer Familie einen Gefallen. Nutzen Sie das Projekt, um eine neue Familientradition einzuführen.

»Wir bauten auch die Regel ›Keine Wortgefechte‹ ein«, berichtete Rebecca. »Wenn eine von uns sagte, wofür sie dankbar sei – etwas Gutes oder etwas Schlechtes –, dann kommentierten wir das nicht, versuchten nicht, es der anderen heimzuzahlen oder sie zu kontrollieren. Wir ließen zu, dass jede von uns so fühlt, wie sie fühlt, und so ist, wie sie ist. Weil wir einander nicht verurteilten und einander nicht an die Gurgel wegen etwas gingen, das jemand gesagt hatte, konnten wir alle es uns erlauben, zu tieferen Ebenen der Aufrichtigkeit vorzudringen. Wenn ich mir anschaue, wo meine Kinder heute sind im Vergleich zu früher, bevor wir mit dem Projekt Wunder begannen, dann stelle ich fest, dass es zwei der liebevollsten, mitfühlendsten und aufmerksamsten Kinder in ihrem Alter sind, denen ich je begegnet bin, und das sage ich nicht etwa, weil es meine Töchter sind.

Ich glaube, einige Veränderungen ergaben sich aufgrund des Gesetzes der Intention«, meinte Rebecca. »Die Mädchen fühlen sich in Bezug auf das Leben und auf sich selbst gut, und dieses Wohlgefühl wollen sie mit anderen teilen, weil sie nach dem Positiven suchen, statt so materialistisch zu sein. Sie gehen aus sich heraus

und kümmern sich echt um andere Menschen. Wenn sie heute Wunschzettel schreiben, dann sind ihre Wünsche nicht egoistisch. Sie wollen, dass die Menschen freundlicher sind. Sie wollen, dass sich die Menschen mehr geliebt fühlen und mehr Liebe für andere empfinden. Sie haben mehr Freunde. Sie suchen nach Möglichkeiten, für bessere Verhältnisse einzutreten.
Eines Tages fragte ich Cole, was sie sich wünschen würde, wenn sie einen Wunsch frei hätte. Sie sagte, sie hätte gern, dass Frieden auf Erden herrschen würde. Cole machte sich Sorgen um das, was auf der Welt geschieht, etwa die Rezession. ›Es ist schrecklich‹, meinte sie. ›Die Reichen haben zu viel, und die Armen haben nichts. Es ist so schlimm, dass Menschen ihren Job verlieren. Aber es ist auch nicht fair, von Menschen mit Arbeit zu verlangen, dass sie sich um die Arbeitslosen kümmern.‹
Die Wundermethode hilft meinen Kindern zu erkennen, wie komplex das Leben ist. Sie sehen ein, dass es nicht immer einfache Lösungen gibt.«
Wenn Familienangehörige einander bewerten und ihre Emotionen verleugnen, gerät die Familie aus der Spur. Rebeccas Familie entdeckte, dass das gemeinsame Anwenden des Projekts Wunder sie in Liebe einhüllte. Was für ein Geschenk!
Cole und Mia haben mittlerweile ihren Freunden von diesem Projekt erzählt und ihnen gezeigt, wie es geht. Es hat mich nicht überrascht, als ich hörte, dass ihre Freunde empfänglich und offen sind und die Methode auch gern praktizieren. Mia macht sich eifrig Gedanken darüber und erkundigt sich, was die Menschen tun können und was sie tun kann, um der Erde Frieden zu bringen. Und sie ist zu diesem Ergebnis gekommen: »Vielleicht müssen wir, um Frieden auf Erden zu haben, erst Frieden zu Hause haben.«

Übungen

1. Haben Sie Kinder zu Hause, die vielleicht offen dafür sind, das Projekt Wunder anzugehen? Macht Ihre Familie gerade stressige Zeiten durch? Haben Sie alles getan, was Sie tun können, um Ihren Kindern zu helfen, haben aber dennoch das Gefühl, dass sie etwas anderes brauchen? Nachdem Sie eine Zeitlang das Projekt Wunder allein absolviert haben, fangen Sie eine vereinfachte Version mit Ihren Kindern an – falls die Kinder dafür offen sind und es wollen. Sie müssen es ja nicht genauso wie Rebecca machen. Passen Sie die Methode Ihrer Familie an. Suchen Sie sich eine Möglichkeit, die für Sie und Ihre Kinder funktioniert. Schließlich kennen Sie Ihre Familie am besten.

2. Könnten Sie auf einem anderen Gebiet von einer angepassten Form des Projekts Wunder profitieren – vielleicht am Arbeitsplatz? Ich habe es zwar noch nicht in einer romantischen Beziehung probiert, doch wenn beide Seiten bereit dazu sind, könnten Sie es ja mal in Ihrer Beziehung versuchen. Gehen Sie behutsam vor. Seien Sie sanft zueinander und zu sich selbst. Nachdem Sie zunächst die vierzig Tage mit einem neutralen Partner durchgezogen und dabei an sich selbst gearbeitet haben, können Sie herausfinden, ob das Projekt Wunder dazu beiträgt, Beziehungen am Arbeitsplatz zu heilen, oder ob es bei einer romantischen Liebe hilft. Ich würde gern von Ihnen hören, wie Sie die Methode angepasst haben und ob es funktioniert hat.

5 | Reaktionen auf das Projekt Wunder

Einwände

Während des Wunder-Workshops wurden verschiedene Einwände gegen die Methode vorgebracht. Am häufigsten bekam ich zu hören: »Ich bedanke mich doch lieber nur für Wohltaten, nicht für das, was ich nicht mag.«

Manche Menschen verstehen sofort den therapeutischen Nutzen, wenn sie sich für Gefühle und Ereignisse bedanken, die sie nicht mögen. Anderen widerspricht das dem Fünkchen Spiritualität, das sie erfahren haben. Das Projekt Wunder ist eine therapeutische Spiritualität. Es holt Wunder aus uns heraus, wenn wir uns und unser Leben, wie es nun einmal ist, die miesen Gefühle und alles andere akzeptieren und dafür danken. Jeder Instinkt im Körper will sich doch dem Elend hingeben, wenn unangenehme Dinge geschehen oder sich schmerzliche Gefühle einstellen. Aber damit beginnt eine Abwärtsspirale.

Ich weiß nicht, ob das ein universales Gesetz ist, aber eines weiß ich: Je mehr wir uns dem Elend hingeben, desto mehr Elend werden wir empfinden.

»Aber es ist doch eine Lüge, wenn ich sage, ich sei dankbar für etwas, wenn ich es nicht bin.« Stimmt. Doch das Projekt Wunder verlangt ja nicht von Ihnen, dankbar zu sein, wenn Sie es nicht sind. Vielmehr zielt es darauf ab, dass Sie genau sagen, wie Sie sich fühlen, und sich dann dafür bedanken – und nicht, dass Sie sich dankbar fühlen. Sie können auch Dankbarkeit dafür äußern, dass Sie wegen einer Situation unglücklich sind, weil Sie erkennen, dass sie Sie verletzt, ohne dass Sie sich dafür dankbar fühlen. Dieses Projekt verlangt von Ihnen, täglich ein Dankbarkeitsmantra zu praktizieren, aber nicht, dass Sie so tun, als hätten Sie Gefühle, die Sie nicht haben. Sie sagen: »Ich bin dankbar für …« und nicht: »Ich empfinde tatsächlich Dankbarkeit dafür, dass …« Und vergessen Sie nicht die Ausnahmen. Wir können alle unsere Grenzen haben, jene Dinge, für die wir nie unsere Dankbarkeit äußern würden – die Tragödien, Verluste und Todesfälle, die wir verhöhnen oder banalisieren würden, wenn wir sie auf unsere tägliche Dankbarkeitsliste setzen würden.

Aber wir können trotzdem mit diesen Problemen weiterkommen und uns eine Möglichkeit ausdenken, die für unsere Dankbarkeitsliste akzeptabel ist, indem wir beispielsweise schreiben, dass wir dankbar sind für unseren rasenden Zorn darüber, dass jemand aus unserem Leben gerissen wurde. Das erlaubt uns dann, diesen heiligen Ort durch die Hintertür zu betreten.

»Aber ist es nicht Gott, der Wunder vollbringt? Warum sagen wir dann, dass wir es tun?« Manche Menschen haben etwas gegen die Vorstellung, dass jemand anderer als der Schöpfer in der Religion, der sie angehören, Wunder vollbringt.

Wir betrachten Gott sozusagen durch zwei verschiedene Brillen. Die Brille der westlichen Welt erlaubt uns, in Gott den allwissenden und allmächtigen Schöpfer zu sehen, der allein die Welt, das Universum und alles und jeden darin gemacht hat, und Gott allein für das Allerheiligste zu halten. Durch die fernöstliche Brille sehen wir, dass der gleiche Gott eins mit uns ist und wir eins mit Gott sind. Jedes empfindsame Wesen ist ein Teil des Göttlichen, und die ganze Schöpfung mit nichts Geringerem als Liebe, Ehre und Respekt wahrzunehmen und ihr zu dienen, ist das Gleiche, wie mit Gott auf diese Weise umzugehen. Wenn wir diese beiden Brillen tragen, verbeugen wir uns vor dem Göttlichen in jedem von uns und respektieren es.

Aber das Höchste ist ein Zitat aus dem Johannesevangelium (14,12 ff.): »Wahrlich, wahrlich, ich sage euch: Wer an mich glaubt, der wird die Werke auch tun, die ich tue, und er wird noch größere als diese tun; denn ich gehe zum Vater. Und was ihr bitten werdet in meinem Namen, das will ich tun, damit der Vater verherrlicht werde im Sohn. Was ihr mich bitten werdet in meinem Namen, das will ich tun.«
Diese drei Verse besagen, dass wir nicht nur ermächtigt sind, Wunder zu vollbringen, die so groß sind wie die Wunder, die Jesus Christus vollbrachte, sondern dass wir auch größere Wunder als er vollbringen können.
Nun mögen manche Menschen einwenden: »Das gilt doch nur für Christen«, doch wir sollten nicht vergessen, dass Jesus Jude war. Ich kann mir nicht vorstellen, dass er zu Buddha oder Mohammed sagen würde: »Ich bin der Einzige, dem Gott irgendwelche Macht gegeben hat.« Ich meine, die Fähigkeit, Wunder zu vollbringen, besitzen Menschen aller Religionen und Glaubensrichtungen sowie Menschen, die Spiritualität und Liebe praktizieren, ohne dass sie irgendeiner organisierten Religion angehören. Aber darf ich das sagen? Ich bin kein Prediger oder Guru, ich bin Autorin. Das ist meine Meinung. Ich habe ein Recht, diese Meinung zu haben, und genauso haben Sie das Recht auf Ihre Meinungen. Glauben Sie also, was Sie wollen.
Im Workshop hatten manche Menschen etwas gegen die Regel »Kein Kommentar zu den Problemen anderer Menschen«. Wenn sie die Übung schon mit einem Partner machen, um den sie sich sorgen, und dann hat dieser Mensch ein Problem, dann wollen sie ihm doch helfen können. Mein Kommentar dazu? Das klingt nach Co-Abhängigkeit. Die größte Hilfe, die wir anderen Menschen leisten können, besteht darin, sie zu lieben und zu akzeptieren, wie sie sind, und ihnen zu verstehen zu geben, dass wir an sie glauben und wissen, dass sie ihren Weg finden werden. Das ist ein

therapeutischer Ansatz, den man »Empowerment« nennt. Wenn andere Menschen uns sagen, sie wissen, dass wir von unserer Kraft Gebrauch machen werden, dann ist das in vielen Fällen das Liebevollste, das sie tun können. Ihr Vertrauen in uns macht uns stark. Es hilft uns, an uns selbst zu glauben.

Ich bekomme zwei Arten von Hilfe. Zum einen geben mir andere Menschen direkt oder indirekt zu verstehen, dass sie alle Antworten kennen, die ich brauche, und dass ich ohne ihre Hilfe nichts bin. Wenn ich nicht das tue, was man mir sagt, bin ich ein Versager. So entstehen abhängige Beziehungen. Es kann auch zu Ressentiments führen, wenn das, was ich tun soll, nicht funktioniert.

Die andere Art von Hilfe besagt: Du kannst denken, du kannst fühlen, du kannst deine Probleme lösen. Du kannst dich zwar im Augenblick verloren fühlen, doch das geht vorbei. Viele Menschen fühlen sich so. Du bist genau da, wo du sein sollst, und ich denke, dass du deine Sache großartig machst.

Dadurch wird mir zwar die Last der Entscheidungsfindung aufgebürdet, doch ich fühle mich dazu imstande, eine eigene Entscheidung zu treffen, statt außerstande zu sein, irgendetwas zu tun außer dem, was man mir sagt. Auf diese Weise wird mir geholfen, meine co-abhängigen Verhaltensweisen aufzugeben. Diese Einstellung ist die Grundlage meiner Selbsthilfebücher, und sie funktioniert. Wenn jemand behauptet: »Sie sagen in Ihren Büchern, was die Leute tun sollen«, dann weiß ich sofort, dass diese Person meine Bücher nicht gelesen hat.

Der häufigste Einwand gegen die Vorstellung, dass wir Wunder vollbringen können, indem wir sagen, wir seien dankbar für alles Miese – die Ereignisse, die uns weh tun, am Boden zerstören oder ärgern, und die Gefühle, die wir ungerne empfinden –, kann aus unserem Unterbewusstsein kommen. Vielleicht sind wir sehr daran gewöhnt, uns ohnmächtig, elend und diskriminiert zu fühlen. Vielleicht hegen wir dieses Selbstverständnis, ein Opfer zu sein, seit langer Zeit und wollen es gar nicht aufgeben. Doch wir verlieren es, wenn wir akzeptieren, dass wir die Kraft haben, Wunder zu vollbringen. Sobald wir den Leuten zeigen, dass wir in der Lage sind, uns um uns selbst zu kümmern, sobald wir also von unserer wesentlichen Kraft Gebrauch machen, sind wir nicht mehr hilflos. Hilflosigkeit war einmal. Dann werden die anderen von uns erwarten, dass wir für uns selbst sorgen. Wenn unsere Beziehungen auf einem bestimmten Bedürfnis aufgebaut sind – ich bin bei dir, weil ich mich nicht um mich selbst kümmern kann und verzweifelt deine Hilfe brauche –, wird die Grundlage dieser Beziehungen erschüttert, wenn wir unsere Eigenständigkeit unter Beweis stellen. Statt andere Menschen anzuziehen, weil wir sie brauchen, müssen wir nun daran glauben, dass wir liebenswert sind. Das ist zwar beängstigend, doch es ist auch gut und gesund.

Wenn wir vom Leben nicht auserwählt worden sind, haben wir gar keine andere Wahl, als die Dinge selbst in die Hand zu nehmen, das Leben unserer Träume zu gestalten und uns dann wohl zu fühlen, wenn wir es leben, und die Verantwortung für die Entscheidungen zu übernehmen, die wir getroffen haben.

Häufige Fragen

Die folgenden Fragen wurden von Teilnehmern des Wunder-Workshops gestellt. Falls Sie eine Frage haben, die hier nicht angesprochen wird, schreiben Sie sie auf einen Zettel, legen diesen an einen sicheren Ort und seien Sie achtsam. Das Leben wird Ihnen die Antwort auf Ihre Frage geben, meist, wenn Sie es am wenigsten erwarten. Dieses Universum, in dem wir leben, besteht nicht bloß aus Staub, Felsen und Bäumen. Es ist eine lebendige, vitale Welt, die eine Beziehung mit uns eingehen will, die genauso real ist wie unsere Beziehungen mit einem Menschen oder mit dem Höchsten Bewusstsein.

Ist das Vollbringen von Wundern wirklich so einfach? Wie kann etwas so Einfaches eine tiefgreifende Veränderung bewirken?
Ja, es ist so einfach. Wir verderben die Methode, wenn wir sie kompliziert machen wollen. Die einfachsten Dinge im Leben funktionieren meist am besten.
Jetzt will ich Ihnen mal eine Frage stellen. Sind Sie bereit, im Mysterium zu leben und nicht wissen zu wollen, warum etwas, was Sie tun, so gut klappt? Sind Sie bereit, die Kontrolle aufzugeben und über nichts anderes nachzudenken oder nichts anderes zu wissen als das, was sich gerade in diesem Augenblick ereignet? Das Leben im Mysterium hat mein Leben völlig verändert. Ich habe gelernt, wie man das macht, nachdem mein Sohn gestorben war. Damals wurden all meine Annahmen und Vorstellungen, wie das Leben läuft, über den Haufen geworfen. Je länger ich lebe, desto weniger verlasse ich mich auf das, was ich weiß. Das ist der wichtigste Grund, warum meine Selbsthilfebücher den Leuten nicht sagen, was sie tun sollen. Je mehr ich mich auf das verlasse, was ich weiß, desto mehr merke ich, dass das, was ich zu wissen glaube, nicht wahr ist. Als ich mein Bedürfnis zu wissen aufgab, begann das Leben, mir seine Geheimnisse zu offenbaren.
Wenn wir lernen, in jedem Augenblick zu leben, ohne das Bedürfnis zu haben zu wissen, was kommen wird, und wenn wir darauf vertrauen, dass jeder Augenblick in Ordnung ist, dann gewinnen wir eine neue Sicht auf die Dinge. Gern bilden wir uns ein, wenn wir Gutes tun, wird uns nur Gutes widerfahren. Wie naiv und wie falsch. Nach einer Statistik des Lifetime Television Network ist einer von acht Gefängnisinsassen unschuldig. Das

könnte auch mir oder Ihnen passieren. Oder wie die Centers for Disease Control über einen Zeitraum von mehreren Jahren statistisch ermittelt haben, sterben Jahr für Jahr in den USA 250 000 Menschen, noch bevor sie ein erfülltes Leben gelebt haben. Sie sterben vielleicht, wenn sie eine Stunde alt sind, einen Tag, ein Jahr, zehn oder zwanzig Jahre. Vielleicht fühlen wir uns ja sicherer, wenn wir an unsere alten Illusionen glauben, doch früher oder später zerschlagen sie sich. Es gibt viele unterschiedliche Ereignisse, die unsere Initiation in die Mysterien des Lebens herbeiführen können. Die gute Nachricht: Wir machen die Initiation nur einmal durch.

Wir möchten so gern glauben, dass alle Menschen, die wir lieben, ein hohes Alter erreichen werden, doch das stimmt einfach nicht. Der höchste Wert, den mir das Fallschirmspringen vermittelte – ein Sport, mit dem ich etwa sieben Jahre bevor meine körperlichen Probleme einsetzten, anfing –, bestand darin, zu lernen, was es heißt, ein extremes Leben zu führen. Die Chancen, sich schwere Verletzungen zuzuziehen oder gar zu sterben, sind größer, wenn ich mich ans Steuer eines Autos setze und irgendwohin fahre, als bei einem Fallschirmsprung. Doch wenn ich den Zündschlüssel in meinem Wagen umdrehe, überfällt mich nicht die gleiche Angst, wie wenn ich mich zur Tür des Flugzeugs begebe und hinunterschaue. Im Auto bin ich mir meiner Verletzlichkeit einfach nicht bewusst. Gelegentlich mache ich noch immer einen Tandemsprung, nur um eine richtige Vorstellung von Angst zu bekommen.

Wenn wir jeden Tag mit dem vollen Bewusstsein unserer Verletzlichkeit erwachen können, in dem Wissen, dass dies unser letzter Lebenstag sein könnte oder dass wir einen geliebten Menschen, von dem wir uns verabschieden, vielleicht nicht wiedersehen werden, und wenn wir dennoch ein friedvolles Leben führen können, dann kommen wir der Erleuchtung nahe. Das heißt nicht, dass wir uns an die geliebten Menschen klammern, als ob wir sie nie wiedersehen würden. Es bedeutet vielmehr, dass wir wissen, wie begrenzt die Zeit mit ihnen ist, und daher das Beste daraus machen. Wir wissen um die Vergänglichkeit. Statt traurig zu sein, lassen wir uns von diesem Wissen dazu motivieren, unsere Zeit bestmöglich zu nutzen.

Die meisten von uns haben viele Wünsche und Bedürfnisse, die durchaus legitim sind. Es kann jedoch sein, dass wir meinen, wir würden einen anderen Menschen lieben, aber tatsächlich wollen wir ihn nur haben, damit er unsere Ängste stillt und uns beruhigt. Im Grunde benutzen wir diesen Menschen nur. Wenn uns das klar wird, sollten wir wissen, dass wir uns nicht über Nacht aus einer toten Beziehung befreien können. Doch es kann geschehen, wenn wir es uns wünschen.

Wenn wir lebenslange Muster verändern wollen, Verhaltensweisen also, die wir seit Jahrzehnten an den Tag legen, werden wir unser Wunder wohl nicht in vierzig Tagen bekommen. Doch die Menschen, mit denen ich gesprochen habe und die das Projekt Wunder gewissenhaft praktiziert haben, erlebten bis zum vierzigsten Tag genügend Veränderungen, um fortzufahren, auch wenn sich ihr Wunder nicht am einundvierzigsten Tag einstellte.

Woher wissen wir, wann etwas Gottes Wille ist und wann unser eigener Wille? Ich meine damit: Woher weiß ich, bei welchem Wunder es in Ordnung ist, dass ich es versuche zu vollbringen, und wann überschreite ich meine Grenzen?

Diese Frage wird seit alters von Menschen auf einem spirituellen Weg gestellt. Auch für mich war sie wichtig – besonders wenn ich meinte, meine Entscheidungen würden mit Gottes Willen übereinstimmen, und am Ende funktionierte das, was ich tat, dann doch nicht oder zumindest nicht so, wie ich geglaubt hatte. Das Projekt Wunder aufrichtig und täglich zu praktizieren, ist eine Möglichkeit, sich mit dem göttlichen Willen in Einklang zu bringen. Wenn wir unsere Emotionen akzeptieren, uns ihnen hingeben, sie empfinden und dann loslassen, gelangen wir ins Gleichgewicht. Die Vorstellung, dass wir mit allem und jedem eins sind, ist die alte Theorie der Erleuchtung.

Die *New York Times* berichtete im August 2000 (»Gibt es unterschiedliche Rassen? Im Grunde nicht, wie die DNA beweist«) sowie im Oktober 2002 (»Zu verkaufen: Ein DNA-Test zur Messung der Rassenmischung«), Forscher hätten inzwischen entdeckt, dass die DNA jedes Menschen ein Teilchen von jeder Rasse auf der Welt enthält. Wie ist das möglich? Ich bin zwar keine Wissenschaftlerin, doch das überrascht mich nicht. Was wir anderen antun, das tun wir buchstäblich uns selbst an, und zwar aufgrund dieser ätherischen Verbindung, die wir zu allen Menschen haben.

Eines der Zehn Gebote lautet, dass wir unsere Eltern ehren sollen. Ich schlage vor, wir sollten auch unsere Ahnen ehren. Wenn wir das einmal wissenschaftlich betrachten, dann kennen wir den physischen Grund dafür, warum es wichtig ist, unsere Ahnen zu ehren. Schließlich laufen wir ja mit ihrer DNA in uns herum. Wenn wir unseren Eltern oder Ahnen nicht vergeben können oder wollen, wenn wir gegenüber den Menschen in unserer Familie (zu Recht oder zu Unrecht) Groll, Feindseligkeit oder Hass empfinden, dann grollen und hassen wir zugleich uns selbst.

Wenn wir die Liebe zu unserem Ziel machen, dann ist das etwa so, als würden wir das Navi unseres Autos einschalten. Jedes Mal, wenn wir nicht das tun, was es uns sagt, oder wenn wir falsch abbiegen, rechnet das Navi die Route neu durch und sagt uns, wie wir von unserem aktuellen Standort an unser Ziel gelangen. Alle Straßen führen nach Hause – alle Entscheidungen stimmen am Ende mit Gottes Willen überein. Sie gehen gut aus, wenn wir von einem Ort der Liebe aus starten.

Wenn wir um unser Einssein mit Gott und dem Leben wissen und keine Gefühle diesem Verbundensein im Weg stehen, dann haben die Entscheidungen, die wir treffen, eine gute Chance, mit Gottes Willen im Einklang zu stehen. Ein bestimmtes Gefühl stellt sich ein, wenn sich unser Handeln auf dem richtigen Weg befindet. Es fühlt sich gut und richtig an. Wir haben ein ganz anderes Gefühl, wenn wir versuchen, die Dinge zu erzwingen, oder wenn wir etwas Falsches tun. Unser Körper zieht sich physisch vor dem zurück, was nicht richtig ist. Genauso kommt er dem entgegen, was uns anzieht oder wohin wir gehören.

Manche Menschen glauben, alles, was im Leben stattfinde, sei Teil des göttlichen Plans. Doch es wäre naiv zu leugnen, dass Böses oder Boshaftes existiert. Schauen Sie sich doch bloß um. Sehen Sie sich die Nachrichten an. Denken Sie nur an die Dinge, die Männer und Frauen tun, die anderen Menschen weh tun oder schaden. Ist auch das Teil des göttlichen Plans? Wenn nicht, dann ist alles, was geschieht, auch nicht Teil von Gottes Willen.

Ich kann nicht mit Sicherheit sagen, ob das, was wir tun, das ist, was Gott für uns will. Wenn wir unser Bestes geben, um aus Klarheit heraus und nicht aus Rache und Zorn zu handeln, wenn das, was wir tun, für uns gut ist und einem anderen Menschen nicht schadet, dann ist dies das Beste, was wir tun können. Es gibt Zeiten, in denen wir nicht einmal das schaffen, was erklärt, warum das Leben uns die Fähigkeit zur Vergebung schenkte. Jemand wusste, dass wir Fehler begehen würden.

Bitten Sie darum, die Wunder zu vollbringen, die Sie haben wollen. Wenn das, was Sie zu vollbringen versuchen, jemanden nicht unnötig verletzt oder ihm etwas wegnimmt, das nicht Ihnen gehört, dann ist es wahrscheinlich in Ordnung. Wir werden schon wissen, wann und ob wir ein Wunder vollbracht haben. Und wir erkennen, dass das, worum wir gebeten haben, Gottes Wille ist, selbst wenn es nicht so funktioniert, wie wir wollten.

Ich habe ein Gebet, das mir hilft: »Gott, ich bin ziemlich dickköpfig und stur. Bitte zeige mir also auf eine Weise, die ich verstehen kann, was ich nach deinem Willen tun soll.«

Ich habe eine Beziehung und weiß, dass sie nicht gut für mich ist, doch ich kann sie nicht aufgeben. Wird mir das Projekt Wunder dabei helfen? Wenn wir doch so stark sind, warum kann ich dann die Beziehung nicht beenden, und wie kann mir diese Übung dabei helfen, sie ein für alle Mal zu beenden?

Diese Frage und die Antwort darauf gehören wohl eher in ein Buch über Co-Abhängigkeit. Aber die Heilung co-abhängiger Verhaltensweisen stellt für viele Menschen ein Wunder dar. Es gibt ein altes Spielzeug, mit dem Kinder wie Erwachsene gern spielen: die chinesische Fingerfalle, die aus einer kleinen Röhre aus Bambusfasern besteht. Man steckt den rechten und den linken Zeigefinger in die beiden Seiten der Röhre. Dann versucht man, die Finger wieder aus der Falle herauszubekommen. Instinktiv wollen die meisten Menschen ihre Finger auseinanderziehen, um sie frei zu bekommen, doch genau darauf beruht der Trick. Je mehr man zieht, desto fester drückt die Falle zu. Man kommt nur dann aus ihr heraus, wenn man loslässt, entspannt und dann die Finger aufeinander zubewegt. Dieses Spielzeug ist eine Metapher für das Leben und das Loslassen: Wenn wir uns zu zwingen versuchen, etwas *nicht* zu tun, also etwa aufhören wollen, jemanden zu sehen, der nicht gut für uns ist, oder nicht mehr von etwas besessen sein oder etwas kontrollieren wollen, dann tun wir dies meist umso mehr.

Wenn Sie die Beziehung nicht abschließen können, dann ist sie noch nicht vorbei. Hören Sie also auf, sie beenden zu wollen. Notieren Sie auf Ihrer Liste alle Gefühle, die Sie haben, wenn Sie nicht mehr weiterkommen, nicht aus der Beziehung herauskommen, nicht nein sagen können, selbst wenn Sie wissen, dass Sie es tun müssen. Schreiben Sie, dass Sie dafür dankbar sind. Sie können auch auf Ihre Zieleliste »die Beziehung beenden« setzen oder es als das Wunder benennen, das Sie vollbringen wollen. Vielleicht inspiriert Sie das dazu, andere Dinge zu tun, etwa einen Brief an sich zu schreiben, nachdem Sie mit der betreffenden Person zusammen gewesen sind und sie etwas getan hat, das Ihnen nicht gefällt. In diesem Brief schreiben Sie, wie Sie sich fühlen – am besten tun Sie das kurz nach der Begegnung, wenn der Schmerz noch frisch ist. Wenn dann das nächste Mal das Telefon klingelt und diese Person Sie wiedersehen will, können Sie vielleicht noch nicht nein sagen. Aber Sie haben die Sicherheit gewonnen zu antworten: »Kann ich dich zurückrufen?« Dann lesen Sie den Brief, den Sie an sich selbst geschrieben haben und in dem Sie schildern, wie Sie sich das letzte Mal gefühlt haben, als Sie mit dieser Person zusammen waren. Fragen Sie sich, ob Sie sich wieder so fühlen wollen. Wenn Sie stark genug sind, nein zu sagen, dann ist die Beziehung vielleicht vorbei. Aber wenn Sie sich von dieser Person nicht fernhalten und wenn Sie nicht nein sagen können, dann hören Sie damit auf, sich selbst zu quälen, weil Sie nicht die Kraft haben, die Beziehung zu beenden. Schreiben Sie weiter auf Ihre Dankbarkeitsliste all die Dinge, die Sie an der Beziehung nicht mögen. Offenbar hält Sie etwas zurück. Was ist das? Können Sie dem nachgeben und es akzeptieren? Wenn Sie das Projekt Wunder lange genug im Hinblick auf die Beziehung praktizieren und Sie schlecht behandelt werden, wird es entweder bald besser werden, oder die Beziehung wird zu Ende gehen. Versprochen!

Ich erkläre den Menschen nur dann, was sie tun müssen, wenn sie physisch misshandelt oder missbraucht werden: Laufen Sie weg. Rufen Sie die 110 an, und erklären Sie, was los ist. Es ist nicht in Ordnung, sich schlagen oder missbrauchen zu lassen. Genauso wenig ist es in Ordnung, wenn Sie jemand anderen missbrauchen. Für viele Menschen ist das vielleicht kein Thema, aber für den Menschen, dem ernsthaft ein Schaden zugefügt wurde, ist es ganz aktuell. Freunde lassen ihre Freunde nicht betrunken Auto fahren und lassen nicht zu, dass andere Menschen physisch misshandelt oder sexuell missbraucht werden. Begeben Sie sich sofort in Sicherheit, und suchen Sie professionelle Hilfe.

Ich bin so besessen und mache mir so viele Sorgen. Ich habe auch große Angst. Ich weiß ja, dass das eine Verschwendung von Zeit und Energie ist und dass das Besorgtsein und Besessensein nichts bringt. Wie kann das Projekt Wunder mir dabei helfen, diese Verhaltensweisen einzustellen?

Aha, da haben sich also Co-Abhängige in den Wunder-Workshop eingeschlichen! Co-abhängige Verhaltensweisen sind normale Verhaltensweisen, die wir alle an den Tag legen. Aber wir können damit auch zu weit gehen: Wenn wir nicht in der Lage sind, ein bestimmtes Verhalten zu beenden, oder wenn uns das, was wir tun, weh tut, dann haben wir eine Grenze überschritten. Das Projekt Wunder wird sich auf diese Verhaltensweisen auswirken. Hier ein paar Vorschläge, die helfen könnten.

Bevor ich Ihnen verrate, wie ich aufhöre, mich von Ängsten, Sorgen und Obsessionen steuern zu lassen, möchte ich Ihnen sagen, dass keine dieser Verhaltensweisen und keines dieser Gefühle notwendigerweise schlecht ist. Angst zu haben könnte bedeuten, dass eine Gefahr droht. Also sollten Sie darauf achten, was gerade geschieht, wenn Sie plötzlich feststellen, dass Sie in Ihrer Dankbarkeitsliste schreiben, Sie hätten Angst. Manchmal ist Angst – etwa die Angst um das Wohlbefinden von jemandem – auch ein Hinweis darauf, dass wir uns um jemanden sorgen.

Sich Sorgen zu machen, ist ein normales menschliches Verhalten. Die meisten Menschen wissen, dass Sorgen keine produktiven Ergebnisse erzielen. Doch um der Liebe Gottes willen dürfen wir ruhig zulassen, dass wir Menschen sind. Wir müssen nicht immer vollkommen sein oder das richtige Verhalten an den Tag legen. Unseren Mängeln, Schwächen, Fehlern und Irrtümern wohnt eine gewisse Schönheit inne. Menschlichkeit zeichnet die besten Heiler aus.

Besessenheit kann ein Zeichen dafür sein, dass wir etwas wollen, das wir nicht haben können. Unter gewissen Umständen ist diese Art von Besessenheit sogar ein gesundes und notwendiges Verhalten. So stellt sie zum Beispiel ein natürliches Stadium des Kummers dar. Von jemandem, von etwas oder von einem Ereignis besessen zu sein – uns immer wieder in Gedanken damit zu beschäftigen, die Geschichte immer wieder jedem, der zuhört, zu erzählen –, ist ganz wichtig, um unser Herz vom Verlust zu heilen. Indem wir erzählen, wovon wir besessen sind, was wir besser oder anders hätten machen können, verweben wir das Undenkbare mit dem Stoff unseres Lebens. Das ist ein anderes Gebiet, auf dem wir in therapeutischer Hinsicht viel zu korrekt geworden sind. Sobald jemand eine Geschichte zu erzählen beginnt, ist es üblich, dass ein anderer diese Person unterbricht und ihr erklärt, sie solle mit ihrer Besessenheit aufhören. Doch das ist nicht freundlich, liebevoll, mitfühlend oder hilfreich. Oft ist es sogar gemein. Wenn wir uns die Zeit nehmen, uns den Schmerz, die Qual, den Kummer oder die Verlustgeschichte eines anderen Menschen anzuhören, lassen wir uns auf einen Akt der Liebe ein. Es ist selten geworden, dass Menschen einander noch zuhören. Wir nutzen E-Mails und das Handy, um immer mit jemandem reden zu können. Aber an wie viel von dem, was wir den ganzen Tag gesagt und gehört haben, können wir uns noch erinnern, bevor wir nachts einschlafen? Wie gegenwärtig sind wir? Wie achtsam? Wenn Sie diese Fragen nicht eindeutig beantworten können, dann wollen Sie mit dem Geplauder nur Ihre Ängste besänftigen.

Und nun will ich Ihnen die Frage beantworten, wie Sie sich den Klauen von Ängsten, Sorgen und Obsessionen entziehen können, wenn diese ungesund werden, uns weh tun oder wenn wir die Grenze überschreiten und nicht stehenbleiben können. Nebenbei bemerkt, können solche Verhaltensweisen und Gefühle in unsere tägliche Dankbarkeitsliste aufgenommen werden. Ich habe zwei Möglichkeiten entdeckt, die mir dabei helfen, mit Verhaltensweisen aufzuhören, die ich nicht allein loswerden kann. Zum einen praktiziere ich das Zwölf-Schritte-Programm bei jedem Verhalten, das ich nicht beenden kann. Ich gestehe meine Ohnmacht ein, erkenne, dass ich mein Leben nicht mehr im Griff habe, und fahre dann mit den anderen Schritten fort. Indem ich ein paar Augenblicke lang über die Schritte nachdenke, gelingt es mir oft, meinen Fuß auf die Sprosse der Leiter zu setzen und aus dem Loch herauszuklettern, in das ich gefallen bin. Zum anderen sage ich mir, ich müsse eine Viertelstunde oder eine halbe Stunde lang Angst haben oder besessen sein. Oder ich müsse dasitzen und mir Sorgen machen. Wenn ich mich zu diesen Verhaltensweisen oder Gefühlen überwinden will, schaffe ich es nicht. In jedem von uns steckt ein Saboteur, ein ungebärdiges Kind. Wenn wir ihm sagen, es solle mit etwas aufhören, dann bewirkt das nur, dass dieses Kind es noch mehr tun will. Auch das Gegenteil ist der Fall. Wenn wir diesem Kind sagen, es müsse etwas tun, dann sagt das Zweijährige in jedem von uns immer noch gern: »Nein!«

Ich habe gelernt, dass alles, worauf ich mich konzentriere, sich auch manifestieren wird – wenn ich also mehr gute Gefühle haben will, sollte ich mich darauf konzentrieren und meine negativen oder schmerzlichen Emotionen ignorieren. Man hat mir gesagt, wenn ich mich auf meine negativen Emotionen konzentriere, dann erzeuge ich noch mehr solcher Emotionen. Führt also das tägliche Aufschreiben negativer Emotionen nicht ein-

fach dazu, dass mehr negative Emotionen erzeugt werden? Müsste ich mich nicht auf die guten und die positiven Aspekte meines Lebens konzentrieren, wenn ich ein Wunder haben will?
Ausgezeichnete Frage! Wenn wir negativen oder schmerzlichen Emotionen oder Ereignissen und Problemen keine Aufmerksamkeit schenken, dann könnten manche Leute behaupten, wir würden unsere Zeit mit unserer guten Freundin Verleugnung verbringen. Wer würde nicht lieber die ganze Zeit glücklich und frei von Problemen sein? Aber ich habe nur selten, wenn überhaupt erlebt, dass Emotionen verschwanden, wenn ich sie ignorierte. Und mir fällt kaum ein Problem ein, das sich von selbst gelöst hat, weil ich ihm keine Zeit und Energie widmen wollte. Vielmehr war es dann normalerweise so, dass sich die Emotion noch tiefer in meinen Körper vergrub und sich dort zu Hause fühlte. Ein Problem wird meist größer und schwerer und aufwendiger zu lösen, wenn ich unbeschwert so tue, als existiere es gar nicht.

Wenn Sie nun allerdings meinen, dass Sie jeden Tag damit verbringen sollen, über negative Emotionen zu sprechen und sich auf Probleme zu konzentrieren, dann gebe ich Ihnen recht. In diesem Fall würden Sie sie nur bewässern und ihnen den Sonnenschein der Aufmerksamkeit widmen, und dann werden sie natürlich wachsen. In diesem Buch dagegen schreibe ich, dass wir jeden Tag zehn Minuten darauf verwenden sollen, nicht in der Verleugnung zu verharren, dass wir täglich zehn Minuten – also eine durchaus realistische Zeitspanne – Achtsamkeit praktizieren sollen.

Als ich mit dem Fallschirmspringen begann, brachte mein Lehrer mir bei, mich darauf zu konzentrieren, wohin ich fliegen wollte. »Wenn du landest, starre nicht auf den Baum und fang nicht an zu denken, dass du nicht an ihm hängen bleiben willst. Denn wenn du das tust, wirst du den Baum erwischen, denn du fliegst dorthin, wohin du schaust.« Daher ist es so wichtig, dass

Sie sich Ihre Ziele setzen und sich auf das Wunder konzentrieren, das Sie vollbringen wollen.
Erinnern Sie sich noch an die Geschichte, wie ich in das Vollbringen von Wundern eingeführt wurde, als ich zum ersten Mal versuchte, das Esszimmer zu streichen, und mir die mit Farbe vollgesogene Tapete entgegenkam? Das Anstreichen funktionierte nicht. Ich musste erst die alten Tapetenschichten entfernen, die Wände säubern und dann eine neue Tapete ankleben, den Stuckgips auftragen oder die Wände streichen. Und genau so erschaffen wir uns selbst neu. Wenn wir versuchen, jahrealte Schichten von negativen Ansichten und Emotionen mit Bestätigungen und positiven Gedanken zuzukleistern, ohne zuerst diese Emotionen und Ansichten aufzulösen, dann werden die neuen, frischen Gefühle und Ansichten nicht hängenbleiben. Am Ende werden wir schlimmer dran sein als zuvor. Merzen Sie die alten Gefühle aus. Ermitteln Sie die Probleme. Dann erschaffen Sie etwas Neues und Frisches für sich. Sie werden feststellen, dass dieser Prozess sich fast auf natürliche Weise vollziehen wird, genau so, wie es mir beim Sanieren des Hauses erging.
Ich wünschte mir, Probleme und negative Gefühle würden verschwinden, wenn man sich nicht darauf konzentriert. Wenn Sie eine Möglichkeit entdecken, Gefühle verschwinden zu lassen, ohne sie zu empfinden, dann teilen Sie es mir mit. Noch besser: Schreiben Sie ein Buch.

Ich bekam noch viel mehr Fragen im Workshop zu hören, die ich hier nicht alle aufnehmen kann. Die Antworten sind nicht unbedingt wichtig. Wunder zu vollbringen ist einfach. Wie man das macht, steht im zweiten Kapitel. Sollten Sie noch viele Fragen haben, dann lautet die Antwort vielleicht: Hören Sie auf, Angst zu haben, zerbrechen Sie sich nicht den Kopf und geben Sie dem Projekt Wunder eine Chance.

Wie Sie weiterkommen

Manche Menschen haben mich gefragt, ob ich etwas dagegen hätte, dass sie über diese Methode einen Workshop abhalten oder sie an einen anderen Menschen weitergeben. Ich habe kein Urheberrecht auf Wunder oder das Erstellen einer Dankbarkeitsliste. Ich stieß durch Zufall auf das Projekt Wunder, bekam es gleichsam geschenkt. Ängste und Zweifel, dass man mir glauben würde, hielten mich jahrelang davon ab, es anderen mitzuteilen.

Als in meiner Karriere als Autorin die Zeit kam, da ich Drehbücher und weniger Selbsthilfebücher schreiben wollte, wurde mir klar, dass ich über das Vollbringen von Wundern schreiben musste. Ich hatte die Methode nicht geschenkt bekommen, um sie für mich zu behalten.

Sie haben meinen Segen, wenn Sie Workshops veranstalten und Gruppen in diesem Bereich unterrichten wollen. Experimentieren Sie ruhig damit. Bringen Sie die Methode einen Schritt voran, wie Rebecca es für ihre Kinder tat. Verbessern Sie sie. Entdecken Sie neue und andere Möglichkeiten, sie anzuwenden. Führen Sie das Projekt Wunder weiter, mit allen Möglichkeiten, mit allen Menschen und sooft Sie können.

Ich würde gern von Ihnen über Wunder hören, die Sie vollbracht haben. Schreiben Sie mir an Melody@MelodyBeattie.com und berichten Sie mir, wie Sie vorankommen. Lassen Sie mich bitte auch wissen, ob ich Ihre Korrespondenz auf einer Internetseite zu diesem Thema veröffentlichen darf, wenn ich Ihre Anonymität schütze.

Denken Sie doch einmal darüber nach: Es ist ein Unterschied, ob Sie an etwas denken oder ob Sie es tun. Sie können daran denken, diese Methode anzuwenden. Aber Sie werden erst wissen, ob sie funktioniert, wenn Sie sie wirklich anwenden.

Vergessen Sie nicht, dass Wunder in vielen unterschiedlichen

Formen auftreten können. Manchmal bringen die geschickten Hände eines Chirurgen oder eines Zahnarztes unser Wunder. Dann wieder taucht unser Wunder in uns als ein Gefühl des Akzeptierens und des Friedens auf. Wir erkennen, wie viel wir haben und wie gesegnet wir sind.

Gehen Sie unvoreingenommen damit um, wie Ihr Wunder aussieht und wie es sich anfühlt. Was Sie durch die Übung erschaffen, wird Sie vielleicht überraschen. Ihr Wunder könnte in einer ganz anderen Form und Gestalt erscheinen, als Sie gedacht haben!

Gott segne Sie alle und gebe Ihnen Kraft. Möge Ihre Segensliste lang und Ihre Problemliste kurz sein. Mögen sich die Wünsche Ihres Herzens erfüllen. Vergessen Sie nicht, danke zu sagen, wenn Ihre Wunder eintreten.

Lassen Sie los. Sie müssen nicht alle Antworten kennen. Genießen Sie es, dem zu vertrauen, was Sie nicht wissen und noch nicht erkennen können. Schätzen Sie es, im Mysterium des Lebens zu leben.

Das Einzige, das Sie verlieren können, wenn Sie das Projekt Wunder praktizieren, sind zehn Minuten täglich, und das mindeste, was es Ihnen einbringt, ist das Bewusstsein und das Wissen darum, wer Sie sind und was Sie fühlen. Sie haben also kaum etwas zu verlieren, aber viel zu gewinnen. So viele Menschen haben für Wunder bezahlt, darum gebeten und gebetet, und dabei ist das Wunder, nach dem wir suchen, die ganze Zeit schon da, in uns. Akzeptieren und lieben Sie sich, wie Sie sind.

Das wahre Wunder, das Sie bekommen, sind Sie selbst.

Übungen

1. Notieren Sie alle Einwände, die Sie gegen das Projekt Wunder haben. Formulieren Sie sie als Fragen. Und dann halten Sie nach den Antworten Ausschau, die Ihre Einwände besiegen.

2. Haben Sie irgendwelche Fragen? Machen Sie mit Ihren Fragen das Gleiche, das ich Ihnen in der ersten Übung in Bezug auf Ihre Einwände vorgeschlagen habe. Schreiben Sie Ihre Fragen auf ein Blatt Papier. Dann lassen Sie sie los. Die Antworten werden sich wahrscheinlich dann einstellen, wenn Sie es am wenigsten erwarten.

Musterlisten für die Wundermethode

Musterliste 1
Dr. Joi in den ersten beiden Wochen unserer Praxis

Heute bin ich dankbar dafür, dass …

… ich wie verrückt esse, weil ich diese Schlaftabletten nahm, die als Nebenwirkung den Appetit anregen und den Mund trocken machen, und ich sie nicht hätte nehmen sollen.

… es mir besch***** geht, wenn ich ohne Tabletten schlafe.

… ich gestern Abend in einen Jazz-Club ging, aber nur ganz kurz, und ich niemanden sah, der auch im Entferntesten eine Augenweide war.

… ich drei Wodkas trank und ich daraufhin sehr, sehr müde wurde, aber nicht müde genug, um einzuschlafen.

… ich meinen Sohn heute um 16 Uhr abhole und er und ich normalerweise Stubenhocker sind, so dass ich mich vielleicht einfach entspannen könnte.

… ich ein Kontrollfreak bin und alles geplant und SOFORT!!! getan werden muss.

… ich vielleicht an diesem Wochenende eine schrecklich kritische Mutter bin.

… ich mein Gymnastik- und Schwimmprogramm wiederaufgenommen habe und meine Arme gut aussehen, doch ich noch immer das paranoide Gefühl habe, dass mein Bauch, meine Beine und Arme groß und fett sind.

… ich heute nichts zu tun habe und stundenlang im Bett bleiben könnte, aber so groggy wie ein Stück Sch**** bin. Warum tu ich mir das bloß an????

Musterliste 2
Dr. Joi in den ersten beiden Monaten unserer Praxis

Heute bin ich dankbar dafür, dass …

… ich nicht weiß, den wievielten Dankbarkeitstag wir haben, und ich bewusst die Liste nicht pingelig genau angelegt habe, sondern sie noch als Entwurf bis morgen abspeichere, weil ich nicht allzu eifrig oder nachlässig sein möchte ☺.

… ich einen ganz tollen Tag mit meinem Sohn habe.

… ich nicht mal die Hälfte von dem sage, was ich meinem Sohn sagen wollte, lauter kritische und wertende Dinge.

… ich es mir verkneife, meinen Sohn übertrieben zu loben.

… ich Schuldgefühle habe, wenn Du von deinen Schmerzen sprichst, die der Verlust Deines Sohns Dir bereitet, und ich Dir zuzuhören versuche und nicht urteile oder es bedaure oder deswegen co-abhängig bin, sondern Dich reden lasse.

… mein Ex seine Freundin nicht in meiner Gegenwart anhimmelte, als ich ihnen gestern zufällig über den Weg lief.

… mein Sohn mir sagte, dass er es mag und nicht mehr peinlich berührt ist, wenn seine Mutter bei seinen Spielen auf der Tribüne schreit und jubelt.

… ich eine neue temperamentvolle, rückhaltlose Freundin habe, die mich beruhigte, dass Schlaftabletten in Ordnung sind, dass sie selbst seit Jahren welche nimmt und dass ihr achtjähriger Sohn immer noch Probleme damit hat, allein zu schlafen, und wir Sequence spielten, während unsere Jungs miteinander spielten, und sie nicht über Nacht blieben, weil sie nicht so co-abhängig ist wie ich und zulässt, dass ihr Kind sauer auf sie ist und sie beschimpft, obwohl ich versuchte, ihr deswegen Schuldgefühle zu suggerieren, und dass die Kinder am Ende eine tolle Zeit miteinander verbrachten, genau wie wir.

Musterliste 3
Melody nach einem Jahr Partnerpraxis mit Dr. Joi

Heute bin ich dankbar dafür, dass …

1. … die Telefonfirma, nachdem sie mein Handy an die falsche Adresse geschickt und mich nicht erreicht hatte, es zum zweiten Mal an die falsche Adresse schickte und mich erneut nicht erreichte und ich nicht ausflippte, sondern meinem Ärger Luft machte, und siehe da, das Handy traf dann doch heute ein. Ich schleppe ein Telefon mit mir herum, das in Folie gewickelt ist und das ich im Haus nicht aufladen kann, so dass ich auf langen Fahrten ohne ein funktionierendes Telefon bin. Es ist zum Wahnsinnigwerden. Aber es ist schon in Ordnung, und ich hab die Geduld nicht verloren und mich doch noch durchgesetzt und heute mein lange erwartetes Handy bekommen, und ich bin dankbar, aber noch immer sauer, dass es so lange gedauert hat, obwohl man mir vor zehn Tagen versprochen hatte, es wäre in zwei Tagen da.

2. … es fast schon wieder Zeit ist zu packen und ich nach der letzten Reise noch nicht ausgepackt habe und das Gleiche wieder passieren wird, wenn ich nach L. A. fahre, und dass es in Ordnung ist, weil ich gelernt habe, aufzustehen, wenn ich wach bin, und zu schlafen, wenn ich müde bin.

3. … wir diese Übung machen, weil sie mich lehrt oder mich daran erinnert (in 88 Prozent der Zeit, wie Du sagst), dem Lebensfluss zu vertrauen und dass alles in Ordnung ist – das Schlechte, das Gute und alles dazwischen.

4. … ich alle Akten auf die Reihe bekam, die ganz durcheinander waren, nachdem ich diese eidesstattliche Versicherung abgegeben hatte, und ich nun die übrigen Papiere in ein ordentliches System bringen kann und für das nächste große Unternehmen – die Schlussabrechnung – bereit bin, doch das ist erst so weit, wenn das Haus verkauft ist.

5. … die Versteigerung des Hauses meiner Mutter in knapp vier Wochen stattfinden wird und ich ein gutes Gefühl deswegen habe, aber was heißt das schon – nichts. Natürlich hoffe ich, dass es verkauft wird, denn wenn nicht, muss ich wieder mit meiner ganzen Sch**** vor Gericht ziehen, und das bin ich echt leid.

6. … ich mir große Mühe gab, Minnesota Energy für die Mieter zu erreichen, die uns eine Rechnung geschickt haben, aber ich weiß, das ist nicht ihre Schuld, weil sie keine Knete haben, und ich dann zu Bett ging und meinen Beitrag nicht leistete und ich mich deswegen nicht allzu schuldig fühlte, nur ein bisschen, weil es irgendwann erledigt werden wird.

7. … ich so durcheinander bin von dieser ganzen Reiserei, dass ich echt nicht weiß, was wir heute für einen Tag haben.

8. … ich wieder schöne Geschichten schreiben will, dass ich in meinem Metier besser werden will, dass das Universum mich nutzen soll, dass meine Begabung als Geschichtenerzählerin sich zur Höchstform entwickeln soll, und das hört sich so schmalzig und bescheuert an, aber es ist die Wahrheit.

9. … ich mit dem Leben zufrieden bin.

10. … ich mich echt nicht daran erinnern kann, warum wir beide so deprimiert waren, als wir damals mit dieser Übung begannen.

Musterliste 4
Dr. Joi, bevor sie trocken war

Ich bin dankbar dafür, dass …

… ich ihn hassen und dieses Gefühl empfinden kann.

… ich die Lesung in der Bibliothek mit einem Minimum an Grimassen und mit Augenblicken der Freude genießen konnte.

… ich gerade hinter mir sauber gemacht habe.

… ich mich bei meinem Sohn entschuldigte, als ich ihm gegenüber so kurz angebunden war.

… ich auf seine Manipulation nicht einging.

… ich meinen physischen und emotionalen Schmerz immer dem Universum zurückgeben muss und ich mich bei Dir sicher fühle.

… mein Rücken und meine Schultern weh tun.

… das Auto zurückgegeben wird.

… ich noch immer nicht weiß, ob ich umziehen soll.

… ich weniger Angst und Geldsorgen habe.

… ich mir noch immer Sorgen mache.

… ich gerade lerne, Gefühle zu haben, und das nicht mag, und dass ich bei allem bloß tue, was ich kann.

… ich dann sage, dass es reicht.

… ich es loslasse.

… ich aufrichtig lächeln kann und nicht bloß Grimassen ziehe.

… ich lächle, obwohl mein Weisheitszahn höllisch weh tut.

… ich Angst habe, zum Zahnarzt zu gehen.

… ich einen großen Mitesser habe, um den ich mich kümmern wollte, und dass ich müde war und lieber schlief, so dass ich es mir mit meinem Sohn gutgehen lassen konnte und nicht zum Zahnarzt musste, als er bei mir war.

… ich mir ein Nickerchen gönnen durfte, statt wieder die Supermama sein zu wollen.

… ich dann die Wäsche machte und aufräumte, so gut ich konnte, und dennoch ein Problem habe, nein zu sagen, obwohl ich das schon besser kann, und dass ich zu Hause arbeiten muss, aber tue, was ich kann, und dass ich ausgehen werde und so echt bin, wie ich kann, ohne meinem Ruf zu schaden, und dass ich den Leuten helfe, aber ihnen nicht ihren Schmerz abnehme.

… in der Praxis des Physiotherapeuten eine jammernde Frau war, die mich völlig geschafft hat, weil ich so sensibel und offen bin.

Segne mich dafür.

Ich bin höchst dankbar dafür, dass ich bei Dir absolut authentisch sein kann.

Musterliste 5
Dr. Joi, kurz bevor sie trocken wurde

Heute bin ich dankbar dafür, dass …

… es mit den Studenten echt gutging.

… ich beim Einkaufen und bei den Massen im Zug präsent war.

… ich um Eis für meinen Rücken bitten konnte.

… in der Hotelhalle zufällig ein kostenloser Massagestuhl stand.

… ich inzwischen Deine Anmeldestrategie bei Vorträgen begreife.

… ich erkenne, dass viele Menschen Erholung als Ausrede gebrauchen.

… ich eine von den 12 Prozent eleganten, Geld verdienenden, starken, genesenden Frauen bin, die es vorziehen, aufrichtig gegenüber denen zu sein, die vertrauenswürdig genug sind.

… ich mir selbst genüge.

… das böse Monster seinen Sohn für die Kommunikation zwischen uns benutzt.

… süße junge Männer sich geradezu überschlagen, um mich in einem Golfwagen mitzunehmen, mir Eis zu bringen und meine Taschen zu tragen, dass ich so co-abhängig bin, dass ich zwar pleite bin, ihnen aber dennoch zu viel Trinkgeld geben muss.

… ich gerade die Studentin anrief – eine große, attraktive, unsichere Mädchenfrau, die mich an eine Person erinnert, die ich kenne ☺, die sich ständig entschuldigt.

… ich sie anrief und unverblümt fragte, ob sie zu den Studenten gehörte, die sich beschwert hatten.

… sie das verneinte.

… ich mich dafür entschied, mich 1,5 Stunden lang nützlich zu machen.

… ich mir dann 20 Minuten Zeit nahm, mich von dem ganzen Wahnsinn fernzuhalten.

… ich mich genügend erholt habe, um mich nicht mehr zu entschuldigen und mich 88 Prozent meiner Zeit um andere Menschen zu kümmern.

Und darum hilf mir, Gott, dass ich mir selbst genug bin.

Musterliste 6
Melody hat ständig Probleme mit dem Computer, als sie anfangen will, ihr Buch zu schreiben.

Heute Abend bin ich dankbar dafür, dass …

… alle meine aktuellen E-Mails »irgendwo« inmitten von Tausenden E-Mails sind und ich alle jedes Mal durchsuchen muss, um sie zu finden.

… unsere Dankbarkeitslisten nicht total verlorengingen (auf Holz klopfen).

… ich allmählich die Dinger schneller reparieren kann, als sie kaputtgehen (mit Dingern meine ich Computer).

… ich nur ganz am Rande des Wahnsinns bin.

… ich meinen schnellen Internetanschluss bekam.

… ich gerade jetzt Tausende unserer E-Mails ausdrucken und lesen muss.

… ich nicht so vorausschauend war, sie alle in eine Datei zu verschieben.

… ich echt dankbar und nicht zynisch bin, weil ich mir diese Arbeit für Dich und für mich gemacht habe und mache.

… ich ahne, wie dankbar ich erst bin, wenn ich dahinterkomme, wie ich den Computer dazu bringen kann, drahtlos die 400 E-Mails auszudrucken.

… noch so viel vor mir liegt und ich so langsam vorankomme.

… ich langsam ein winziges bisschen schaffe.

… das Sammeln dieser Recherchen echt überwältigend ist.

… ich mir wie eine Figur aus einem Zeichentrickfilm vorkomme, die von einer Dampfwalze überrollt wird.

… ich glaube, dass die Computer an sind und laufen und die Computerfirma mir für eine zusätzliche Kopie von Office, die ich kaufen musste, mein Geld zurückerstatten wird, und zwar mein ganzes Geld.

… ich drei Computer kaufen musste, damit einer läuft.

… ich mir nicht mehr den Kopf zerbreche und dass ich beharrlich und besessen bin, denn wenn ich es nicht wäre, dann hätte ich schon längst aufgegeben.

… es Zeit ist, Dankbarkeitslisten auszudrucken, während alle anderen zu Bett gehen.

… ich tatsächlich glaube, dass alles gut genug läuft, damit ich jetzt mit dem Schreiben anfangen kann.

… ich niemals in all den Jahren, seit ich schreibe, über so viele Glasscherben robben musste.

Musterliste 7
Dr. Joi wird gerade nüchtern.

Ich war gerade im Kino und bin dankbar dafür, dass …

… meine beste Freundin mir einen Anruf und eine E-Mail von meinem Sohn übermittelt hat, dessen Vater ihn unbedingt dazu benutzen will, mich dazu zu bringen, dass ich reagiere, und dass ich damit umgehen muss.

… ich keine Höhle habe.

… mir deine Erfahrung zugutekommt, gelassen gegenüber der Versicherungsangestellten zu reagieren, die mir mitteilte, sie hätte mir einen Standardbrief geschickt, da keine Rechnungen eingereicht worden seien, und dass ich sie, wie Du gesagt hast, aufforderte, mir schriftlich mitzuteilen, was sie mir letzte Woche am Telefon gesagt hatte.

… ich nicht auf die Palme gegangen bin, als mein Sohn mich verzweifelt wegen seiner Hausaufgaben anrief.

… das so schwer ist und ich nicht meinen Schmerz oder meine Energie aufgeben will.

… wir Freundinnen sind – aufrichtige Freundinnen.

… ich Teil eines Universums bin, das größer als ich ist ☺, und dass ich in diesem Augenblick verdammt wertvoll bin.

… ich lächle und nicht Grimassen schneide.

… ich gleich einen Abschnitt über Kraft mit einem Freund lesen werde, den ich mag und mit dem ich gern zusammen bin, der zwar ein Mann und nicht perfekt und kein Lover ist, aber ein Typ, der Humor hat.

… es komisch ist, weil er den gleichen Namen wie mein Bruder hat, und dass diese Verbindung ebenso schmerzlich wie wunderbar ist.

Musterliste 8
Dr. Joi erkennt, ein Jahr bevor ich dieses Buch schreibe, dass sie eine Alkoholikerin ist, und wird trocken.

Heute bin ich dankbar dafür, dass …

… ich weiß, dass die »ärgerlichen« ☺ kleinen Sprüche wie »einmal täglich« tatsächlich funktionieren.

… ich dieses Wochenende mit Bravour überstand, weil ich meinem UPS-Mann (Universal Power Source Man) naheblieb und etwa 14 Stunden lang voller Unbehagen dasaß, nachdem ich Gerald dargelegt hatte, was ich für eine Beziehung wollte, und er es erst heute Morgen akzeptierte, nach einer Nacht, in der es nur sein Schnarchen und keinen Sex gegeben hatte, und ich halb froh und halb verwirrt war, weil er nicht den ersten Schritt getan hatte und sich nicht an Don Miguels Worte aus seinem Weisheitsbuch *Die vier Versprechen* erinnerte, nichts persönlich zu nehmen, keine voreiligen Schlüsse zu ziehen, nichts zu besitzen und nichts anzunehmen.

… er zugab, elend schlecht in Beziehungen und offen für Spiritualität zu sein, dass er sein Leben lang dafür gesorgt habe, dass Dinge geschehen, und er ein starker, gerissener Geschäftsmann sei, der zwar gemein sei, aber nicht zu mir, und dass ich dies jetzt erkenne, weil ich einen klaren Kopf habe und nicht trinke, so dass ich ihn mit Gottes Augen sehen kann.

… er mich bat, mit ihm im November zu verreisen. Aber ich will mich nicht wieder an einen Typen verlieren.

… Gott bereits ein Meeting und eine Klausur geplant hatte, so dass ich nicht mitfahren konnte und ich darin vernünftigerweise eine Chance sehe, meinem wahren Seelengefährten (dem Höchsten Bewusstsein) innerlich näherzukommen, der meine linke Hand hält (die jedes Mal kitzelt, wenn ich meditiere, und gerade kitzelt sie wieder).

… ich lerne, eine gesunde Beziehung zu einem Mann zu haben, der nicht vollkommen ist, und dass ich weiß: Gott will, dass ich ihm Liebe schenke, selbst für kurze Zeit. Schon merkwürdig, gestern Morgen, bevor ich den ganzen Tag mit ihm verbrachte, zog ich eine Weisheitskarte – »Lebe mit Problemen«. Es war keine Karte, die ich mir wünschte, und ich hielt sie für ein schlechtes Omen, also zog ich eine andere, »Sei dir selbst treu«, und die bestätigte mir einfach, dass mein Gott nicht will, dass ich mich an einen Mann verliere, und dass dies eine Chance ist, es zu lernen.

… ich heute Morgen ein Taxi vom Sheraton nahm und direkt zum Strand fuhr, um eine Stunde mit meinem UPS-Mann (Universal Power Source Man) zu verbringen, und dass ich so ausgeglichen verliebt bin und sooooooooooooo daaaaaaaaaaaaaaaaaankbaaaaaaa-aaaaaaar (dankbar).

… er mich einlud, Sachen bei einer schriftlichen Auktion zu kaufen, und zwei Dinge, die ich gewann, Dinge waren, die ich brauche, und Gott das wusste (Tierparktickets zum bevorstehenden Geburtstag meines Sohnes und einen Geschenkgutschein für eine Aufführung, zu der ich auch gern mit meinem Sohn gehen würde, wie ich Gott erklärt hatte) … kein Wunder, es ist ja Gott.

… man mir sagte, ich sei die Schönheit des Balles, dass mein Kostüm toll aussehe, vor allem aber, dass ich bei einem Blick in den Spiegel sah, wie ich vor Schönheit strahlte, doch nun zuerst von innen heraus und dann äußerlich.

… ich neue Freunde habe.

… ich so geerdet bin, dass Gott diese Beziehung in der Hand hat und nicht ich und dass sich noch mehr offenbaren wird.

… ich immer mehr dazu in der Lage bin, an mich selbst zu glauben, so dass ich keine ständigen Bestätigungen mehr brauche.

… ich Mode und Stil gut beurteilen kann und einen Designer finde, der erschwinglich ist.

… ich mit meinem Geld umzugehen weiß und es nicht leichtsinnig ausgebe.

… ich jeden Tag Gottes Wunder in meinem Leben erblicke, weil Du und ich diese Übung machen.

… ich heute meinen entzückenden Sohn von der Schule abholen werde und weiß, dass alles gut wird.

… ich jetzt zu einem Treffen der Anonymen Alkoholiker gehen und mich nützlich machen und zuhören werde, wie Gott zu mir durch andere spricht.

Musterliste 9
Dr. Joi bleibt trocken und achtet weiter auf sich.

Heute bin ich dankbar dafür, dass …

… mein Ex noch immer sehr starke Hassgefühle auslösen kann, wenn ich von ihm E-Mails bekomme. Mein Sohn bat mich, seinen Fußball vorbeizubringen, da die Schule angefangen hatte und der Ball nicht in seinen Spind passte, also brachte ich ihn an den Pool für ihn, und nun lässt mein Ex ihn nicht mit mir mit dem Handy telefonieren, das er ihm gekauft hat, denn wenn ich SEIN Handy anrufe, hasst er das und ärgert mich, indem er nicht drangeht.

… ICH ATME.

… ich die Chance bekomme, den rechten Weg zu gehen und zu vergeben und es nicht persönlich zu nehmen und ihm nicht die Macht einzuräumen, mich aus meiner Seligkeit zu vertreiben.

… das Atmen und das Schimpfen über die Tastatur echt hilft.

… mein Betreuer übrigens etwas zitierte, das Du gestern geschrieben hast: Lächle.

… ich bereit bin, wirklich bereit bin, mehr Menschen in den Dankbarkeitsring zu holen. Ich glaube, es wird meine Erdung in der Dankbarkeit fördern, wenn ich sie auf eine andere Ebene bringe. Ich will mehr von dieser Seligkeit und öfter.

… ich immerzu die E-Mails öffne, sie lese und schreibe.

Wie kann er es wagen, unserem Sohn das anzutun?

Er ist nicht der tolle Vater, für den ich ihn gehalten habe.

Er tat so, als würde ich ihm am Pool wirklich zu nahe kommen.

Mein erster Impuls war es, einen Kotau vor ihm zu machen und zu erklären, warum ich zum Pool gehen musste.

Und ihm zu sagen, dass die Frau am Empfang nicht wollte, dass ich den Ball dort lasse.

Meine Anwesenheit stört ihn wirklich.

Ich weiß, dass ich heute gut aussah; ich war richtig aufgebrezelt.

Er ist eifersüchtig, weil ich darauf achte, dass sein Sohn das bekommt, was er wirklich mag – Trainingsstunden im Kampfsport.

Er kommt nicht über seinen Zorn hinweg, weshalb er nicht erkennen kann, was in diesem Fall gut für ihn ist.

Andere Leute haben gesagt, wie sehr er sich für seinen Sohn interessiere, und er stellt all dies als unwahr hin.

Wieder gab er in seiner E-Mail nur Blödsinn von sich, wie ein Kleinkind, das er ja auch ist, doch ich muss seine Windeln nicht wechseln, indem ich antworte, Erklärungen abgebe oder sonst wie reagiere.

ER MUSS SICH ERST SELBST BEGEGNEN.

Ich werde ihn anrufen, und wenn er sich nicht meldet, dann rufe ich das Handy meines Sohnes an.

Wenn das nicht funktioniert, dann soll die Klausel, die er mir ständig vorhält, auch ihm vorgehalten werden.

Ob das meine Energie wert sein wird, werde ich dann schon wissen.

Ich bin ja so froh, dass ich das geschafft habe und nun endlich gut schlafen kann.

Jetzt muss ich lächeln.

Ich bin echt dankbar für unsere Partnerschaft.

Und diese Übung.

Alles Liebe von Deiner Komplizin beim Verbrechen der Dankbarkeit.

Musterliste 10
Dr. Joi wächst in spiritueller Hinsicht – sie strahlt vor Frieden.

Heute bin ich dankbar dafür, dass …

… ich mindestens zu 88 Prozent sicher bin, dass ich gerade die Menopause erlebe, und das will ich als Pause verstehen, bevor ich etwas Gemeines denke, sage oder tue.

… meine Zyklen sich verändern.

… ich aber vier bis fünf Stunden durchschlafe und dann jeden Morgen so gegen vier aufstehe.

… das mehr produktive Zeit bedeutet.

… ich 1,5 Pfund abgenommen habe und sehen kann, dass mein Bauch leicht eingezogen ist.

… ich noch immer nicht so weit bin für eine Beziehung, während ich jede Stunde in meine E-Mails schaue, um zu sehen, ob dieser Typ schon geantwortet hat.

… ich hingerissen bin, wenn er mir die Aufmerksamkeit schenkt, die mich vor zwei Jahren noch umgeworfen hatte, als ob er zu mir sagen würde: »Gut auszusehen war nie ein Problem für dich« oder »Viel Glück, du Schöne«.

… ich schätze, all diese Jahre mit einem Mann, der nicht aufsah, wenn ich ein Zimmer betrat, haben diese besonders starke Sehnsucht nach Aufmerksamkeit in mir geweckt.

… ich begreife, dass mein Ex, dieser Sch***kerl, es nicht persönlich gemeint hat, und dass es das Beste war, dass jeder den anderen immerhin seiner Wege gehen ließ, wenn sie auch in unterschiedliche Richtungen führten.

Wow, wie redegewandt ich schon so früh am Morgen bin.

Die Geburtstagsfeier für meinen Sohn war ein toller Erfolg.

Ich schaffte es, zu kochen, zu planen, einzukaufen, zu spielen, zu organisieren, aufzutischen, mich zu kümmern, zu führen, ein Tauziehen zu veranstalten, zu schmeicheln und 48 Stunden lang nicht von 12 Jungen geschafft zu werden, und dieses Wunder verdanke ich meiner Entziehungskur.

In Ordnung, ich gestehe, zum Teil motivierte mich der Wunsch, als Supermama zu gelten.

Ich bin so froh, dass wir beide unsere Rolle spielen und den Erfolg an unserem Körper sehen und gleichzeitig auf den gesunden mentalen Teil einwirken, weil wir so liebevoll mit uns selbst umgehen.

Jetzt bin ich wahrhaft dankbar für mein Leben.

Musterliste 11

Melody beendet den Wunder-Workshop, aber ihre Computer sind Schrott.

Heute bin ich dankbar dafür, dass …

Wenn ich gewusst hätte, als meine Kinder klein waren und Shane noch lebte, wie sehr ich die Geburtstagspartys vermissen würde, die Weihnachtsfeste, die Dinge, die so viel Energie und Zeit erforderten, und wie leer mein Leben ohne diese Ereignisse wäre, hätte ich mich wahrscheinlich dennoch über die viele Arbeit beklagt.

… ich gerade den Dankbarkeits-Workshop abschließe und noch immer hin und weg bin, dass so viele Leute teilgenommen und mitgearbeitet haben.

… ich es jeden Tag fast schaffe, die Computer zu reparieren, und dass es nur eine Erklärung gibt, nämlich dass Gremlins hineingekrochen sind.

… ich den Mut habe, zu den Studenten in meinem Kurs »Kreatives Schreiben« ehrlich zu sein, auch wenn ich weiß, dass das ihre Illusionen zerstört, doch ich will nicht lügen, wenn es um meine Arbeit geht. Ich erkläre ihnen zwar, was sie gut machen, doch in Wahrheit will niemand ihr Geschreibsel lesen, außer ihren Müttern, und selbst da bin ich mir nicht so sicher.

… ich es vor Hitze nicht mehr aushielt und zwei tragbare Klimageräte kaufte, einen Tag bevor es sich abkühlte – stell Dir das mal vor.

… ich einen Badeanzug fand, in dem ich mich wohl fühlte.

… ich Menschen beobachte, die ich wirklich mag und mit denen ich gern zusammen bin, und dass es denen völlig schnuppe ist, wie sie aussehen, während ich mir wegen jeder Locke und jedem Pfund zu viel und allem, was nicht stimmt, Gedanken mache, und ich weiß, was das ist – es kam einmal in der Therapie heraus –, nämlich mein Wunsch zu kontrollieren, wie andere Leute mich und mein Aussehen wahrnehmen. Und ich wünsche bei Gott, es würde aufhören, aber bitte, lieber Gott, nicht auf die harte Tour.

… ich ein Arbeitsbuch für den Hazelden-Verlag für Co-Abhängige schreiben werde, nachdem ich das hier geschrieben habe, statt mir die Auszeit zu gönnen, die ich brauche und verdiene – ich glaube, ich bin ein Workaholic – Hallo????

… ich vor Gott schwöre, nach diesem Buch nie wieder Selbsthilfebücher zu schreiben, sondern nur noch Geschichten, und vielleicht ist das ja die Lehre daraus, dass alle Computer ihren Geist aufgeben, wer weiß.

… mein Rücken an diesem Morgen besonders weh tut und ich das aushalte, also werde ich jetzt eine Pause machen und etwas Lotion auftragen. Das fühlt sich doch schon besser an.

… ich es verachte, bewertet zu werden, und sich der Schmerz nur gut anfühlt, wenn er aufhört.

… ich erstaunt bin über die Menge an Schuldgefühlen, die ich mit mir herumschleppe. Wieso glaube ich eigentlich, dass ich leiden soll? Als ob ich mir damit irgendeine Belohnung im Himmel verdienen werde, und ich weiß doch, dass das Quatsch ist.

… mir ständig Gnade zuteilwird.

… Du oder sonst wer nicht glauben würde, was ich mit diesen Computern durchmache – zwei nagelneue, teure Spitzengeräte und ein mittelteures neues Teil –, meinst Du vielleicht, einer der drei würde durchgehend funktionieren? NEIN NEIN NEIN NEIN NEIN. Einer von ihnen gilt als der beste auf dem Markt. Glaubst Du etwa, dass vielleicht der bei mir funktionieren würde?????????????????
Und jetzt habe ich alle Bilder verloren, die ich so mühsam gespeichert hatte, um sie auf meine Internetseite zu bringen. Meine ganze Arbeit, jede einzelne Datei bis auf unsere E-Mails ist weg, und dafür

bin ich wirklich dankbar; ich danke Dir, Gott. Dieser Dank kommt von Herzen.

… ich gelernt habe, alle möglichen Computerreparaturen auszuführen, und die Geduld habe, mit all diesen Techniken zu arbeiten, die ich nicht verstehen kann.

Musterliste 12
Dr. Joi entwickelt sich spirituell noch weiter.

Ich bin dankbar dafür, dass …

… ich weiß, wie ich meinen Verstand, meinen Atem, mein Herz, meine Seele beruhigen kann.

… diese Methode dies bewirkt.

… ich es mit einer Lächelmeditation versuche, und sie funktioniert.

… ein Möwenweibchen mit mir am Strand Tai-Chi machte, wirklich dreimal die Bewegung »Der Schmetterling«.

… ich so viel habe.

… ich lerne, wirklich aus Liebe zu handeln, und dass es sich soooo guuuut anfühlt.

… dies viel besser ist, als aus dem Bewerten, dem Kritisieren heraus zu leben – und das betrifft sogar meine Gedanken.

… ich am Abend nach Schulbeginn fünfmal meinem Ex über den Weg laufen musste und es in Ordnung war, und dass ich dankbar dafür bin, dass er ein guter Vater ist und das laut zu meinem Sohn sagte, und er sagte: *Du bist eine gute Mutter*.

… der Typ, mit dem ich mich traf, sagte, man könne mich eben schwer vergessen, als ich ihm von jemandem erzählte, der sich nach sechs Jahren noch an mich erinnerte, obwohl wir uns nur einmal getroffen hatten.

… ich anfällig bin für Schmeichelei.

… ich sicherer bin, wenn man mich so nimmt, wie ich bin.

… das hilft, fünf Pfund abzunehmen.

… ich bei einer Sitzung die Wahrheit sagte, wie viel Mühe ich dafür aufwenden würde, äußerlich gut auszusehen, und zwar sowohl in finanzieller Hinsicht als auch in Gedanken.

… ich nun diese Energie darauf verwenden kann, innerlich gut auszusehen.

… ich die Finger von Facebook lassen muss, zumal nachdem dieser Typ mich fragte, ob wir Freunde sein können – nur um mein Profil auszuspionieren.

… diese Erkenntnis eine tolle Chance ist, ihn an der richtigen Stelle in meinem Leben einzuordnen.

… zuerst Gott kommt, mein UPS, dann ich, mein Sohn, meine Freunde, meine Familienangehörigen und schließlich der Rest der Welt – alle, denen ich helfen soll, wie mir mein UPS sagt –, und alle Ablenkungen davon stellen meine Gelassenheit auf die Probe.

… ich die Gelegenheiten mag, bei denen ich üben kann, die Dinge nicht persönlich zu nehmen, und das wird an diesem Wochenende der Fall sein, wenn die Anonymen-Alkoholiker-Frauen einen ganzen Tag lang Chili con Carne machen und dabei miteinander wetteifern.

… ich den sechsten Schritt des Zwölf-Schritte-Programms mit meinem Betreuer abschloss – toll!

… ich bereits halb durch Schritt sieben bin und das echt merke.

… ich es mag, dass wir die Arbeit dieser Schritte gemeinsam machen.

… ich lächle, wenn ich sehe, wie Du in Deiner Höhle schreibst und von der Liebe und der Weisheit des Universums erfüllt bist.

… ich Menschen von einem Ort der Liebe und der Achtung und aus Gottes Worten heraus, nicht aus Manipulation Komplimente machen kann.

… meine Vermieter für einen Monat verreisen und ich sie darum nicht über mir höre.

… ich nicht weiß, was passieren wird, wenn der Mietvertrag im November ausläuft.

… es ein Geheimnis ist und ich WEISS, und dass gut für mich gesorgt und UPS dafür sorgen wird, dass ich auf dem Wasser lebe, denn dort tanzen wir zusammen.

… ich es geschafft habe, weil mir die Tränen kommen.

… ich so dankbar dafür bin, dass ich um 4.44 Uhr aufgewacht bin, genau wie in Sedona, und im Pool mehr Runden drehen kann und dennoch Zeit habe zurückzufahren, Tai-Chi zu unterrichten, mir die Haare schneiden zu lassen, im Fitnesscenter noch einmal Tai-Chi zu unterrichten, Gewichte zu heben, fürs Chili bei Costco einzukaufen, für den Hund eines Freundes ein paar Knochen abzugeben, zum Treffen der Anonymen Alkoholiker zu gehen (wo die alten Hasen mir sagten, ich solle nicht singen), zur Schnippelparty (wo die alten Hasen meckerten, ich hätte das Schild für den Chilistand falsch geschrieben), zur Kochparty bei mir (wo von mir schon alles geputzt wurde), das Zimmer meines Sohns ist zwar ein bisschen chaotisch, aber na gut, und dann zum Treffen, Tai-Chi-Unterricht und dann den ganzen Tag mit einer Bande trocken werdender Trunkenbolde wetteifern und dann mit einer unbekannten Zahl von Frauen tanzen … atmen … Kirche und Musik am Sonntag werden eine Erlösung sein … und ich wünsche mir, dass ich ganz präsent bin, um Liebe, Frieden, Kreativität, Großzügigkeit, Güte und meine häufigen Akte der Freundlichkeit und Liebe zu genießen und zu erleben!

Musterliste 13
Melody schließt die erste Fassung dieses Buches ab.

Heute bin ich dankbar dafür, dass …

… ich das Manuskript des Buches abgeschlossen habe und es nun überarbeite.

… mein Bruder und Pam da sind, so dass ich nicht ganz allein bin.

… ich beide so gern habe.

… ich seit über fünf oder sechs Jahren aus freien Stücken keine Affäre gehabt habe.

… ich nun unter vier Männern einen wählen muss, damit ich bald meine kleine »Coming-out-Party« geben kann.

… ich sie auf zwei reduziert habe.

… ich keine Eile habe – es wird erst passieren, wenn ich mit beiden Büchern fertig bin.

… ich mich nicht entscheiden kann, ob ich hinten in das Buch Musterdankbarkeitslisten aufnehmen soll oder nicht.

Musterliste 14
Dr. Joi hat ihren Sohn über Weihnachten bei sich.

Es ist einen Tag vor Weihnachten, und an diesem Tag bin ich dankbar dafür, …

… dass ich für Weihnachten alles für meinen Sohn fertig habe.

… dass die Wäsche fertig ist, die Kleidungsstücke gefaltet und in die Schubladen gelegt sind.

… dass ich heute Morgen die Muffins gebacken habe, die mein Sohn so mag.

… dass ich glaube, dass diese Hormone wieder zu funktionieren beginnen.

… dass ich Geld auf der Bank liegen habe, von dem ich mir etwas für Weihnachten abzweigen werde.

… dass ich gestern nicht so viel in mich hineingestopft habe.

… dass ich mir ein paar Dinge nur zu meinem Vergnügen für die Zeit vorgenommen habe, wenn mein Ex meinen Sohn für zwei Wochen übernimmt.

… dass es so sehr weh tut und es eine so schwierige Zeit für mich ist.

… dass ich ohne ihn meinen Spaß haben kann und das auch in Ordnung ist.

… dass es mich fast umbringt, den Scheck auszustellen, den ich meinem Ex heute schicken werde.

… dass das meine positiven Entwicklungen für den neunten Schritt des Programms waren – wobei ich noch immer hin- und hergerissen bin, ob er zur gleichen Kategorie wie meine Mutter gehört, der ich nichts schulde, weil ich nichts falsch gemacht habe.

… dass ich das wissen werde, wenn ich eine Bestätigungsmail bezüglich des Checks bekomme.

… dass ich vor Dankbarkeit dafür, dass ich bin, wo ich bin, echt überströme.

… dass ich mich heute Morgen lange mit meinem Seelengefährten ??? am Strand aufhalten werde.

… dass mein Sohn so hübsch ist und zu einem schönen jungen Mann heranwächst.

… dass er gesagt hat, er werde bei seiner Tante M vorbeischauen.

Fröhliche Weihnachten.

Musterliste 15

Dr. Joi schickt sich an, ihrem Ex-Mann für zwei Wochen das Sorgerecht zu übertragen.

Heute bin ich dankbar dafür, …

… dass mein Internet zu Hause schneller ist als im Urlaubshotel.

… dass mein Sohn und ich rechtzeitig auschecken.

… dass das ein toller Trip war, ganz anders als vor einem Jahr.

… mein Sohn ganz glücklich ist.

… dass ich mich seit neun Jahren erstmals traute, meiner besten Freundin zu sagen, dass ihr Gewicht mir Sorgen bereitet.

… dass ich jetzt das Gefühl habe, mich vollzustopfen, und mir scheinheilig vorkomme, weil ich um zwei Kleidergrößen zugenommen habe.

… dass wir eine Rückfahrt von acht Stunden vor uns haben.

… dass ich weiß, dass Du eine schöne Zeit mit Deinem Bruder verbringst.

… dass das Leben gut ist und es mir gutgeht.

… dass ich mich beeilen muss, weil mein Sohn im Auto auf mich wartet.

Literatur

Bücher und Zeitschriften

Beattie, Melody, *Die Sucht, gebraucht zu werden,* München 1990.
Dieselbe, *Kraft zum Loslassen. Tägliche Meditationen zur inneren Heilung,* München 1991.
Dieselbe, *Gratitude: Inspirations by Melody Beattie,* Center City, MN, 2007.
Dieselbe, *The New Codependency: Help and Guidance for Today's Generation,* New York 2009.
Carothers, Merlin, *Leben in neuen Dimensionen,* Schorndorf 1975.
Hay, Louise, *Heile dein Leben,* München 1989.
Hill, Napoleon, *Denke nach und werde reich,* Genf 1967.
Derselbe, *Napoleon Hills Gesetze des Erfolgs,* Bonn 1990.
Knight, Sage, »Living Well: Grace, Grief & Gratitude«, in: *Topanga Messenger,* 22. Oktober 2009, S. 18.
Leonard, George, *The Way of Aikido: Life Lessons from an American Sensei,* New York 1999.
Perls, Frederick S., *Gestalttherapie,* Stuttgart [9]2007.
Schucman, Helen, *Betrachtungen über* Ein Kurs in Wundern, Gutach i. Br. 1994.
Tolle, Eckhart, *Eine neue Erde. Bewusstseinssprung statt Selbstzerstörung,* München 2005.

Dank

Allein schaffen wir nur wenig oder gar nichts, aber es gibt Menschen und Kräfte, die uns helfen. Ich kann an Sie auch nur weitergeben, was ich empfangen habe, und daher stelle ich Ihnen nun das Team vor, das dieses Buch realisiert hat.

Mein tiefster Dank gilt Gott, meiner Familie, meinen Freunden und dem Leben – samt diesen unglücklichen Umständen, die mich indirekt lehrten, Elend in Wunder umzuwandeln. Ich meine die Situationen, die ich unmöglich ändern und nur schwer ertragen konnte, die mich – da war ich mir sicher – nichts weiter lehrten, als dass das Leben weh tut. Obwohl mit dem Schmerz eine wichtige Lehre verbunden war, hätte ich mich damals gegen diese Erfahrung entschieden, wenn ich die Wahl gehabt hätte.

Weil sie als Familie mir ihre Herzen öffneten, bin ich meinem Bruder Jimmy und seiner Frau Pam dankbar.

Einen Workshop zu organisieren, kann ein gewaltiges Unternehmen sein. Weil sie mich drängte, den Wunder-Workshop zu veranstalten, und weil sie ihn bis zum Ende zusammenhielt und beaufsichtigte, danke ich Tiffany Segura. Dankbar bin ich auch Virginia Foss und Raji Golden, die ihr dabei halfen. Dank ihrer harten Arbeit konnten verschiedene Menschen ihre Erfahrungen in diesem Buch mitteilen. Überaus dankbar bin ich Lori Yearwood für die Idee, Dankbarkeitslisten zu verteilen.

Dank schulde ich außerdem Dr. Forrest Tennant und Dr. Henry Golden, weil sie mich am Leben halten und mir meine Lebensqualität sichern, solange ich da bin. Dankbar bin ich auch Michael Bodine für seinen spirituellen Rat.

Ich hoffe, Sie werden einige dieser Menschen kennenlernen – sei es persönlich oder durch die Medien. Dann werden Sie verstehen, warum sie mir so viel bedeuten.
Sage Knight schrieb ihre Geschichte für dieses Buch auf. Danken möchte ich Sage auch für ihre ausgezeichnete Hilfe bei der Bearbeitung des Manuskripts, so dass ich es dem Verlag früher als geplant geben konnte. Diese Frau hat noch eine großartige Karriere als Autorin vor sich – ich kann es kaum erwarten, ihre Bücher zu lesen. Ich danke allen Menschen, auch den beiden Mädchen, die sich auf die Wundermethode einließen und mir dann ihre Ergebnisse für das Buch mitteilten. Alle Geschichten, von Sages bis zu den anonymen, machen das Buch so lebendig. Ohne sie wäre es nicht das, was es ist.
Nun zu Sharon, meiner Assistentin. Sie hat alles im Griff, worauf geachtet werden muss, so dass ich das Leben vergessen und Bücher schreiben kann. Es gibt keine Worte, um die Dankbarkeit auszudrücken, die ich ihr gegenüber empfinde.
Mein Dank gilt auch den vertrauenswürdigen Menschen, die die Wundermethode mit mir absolviert haben. Ebenso möchte ich den Menschen danken, die am Wunder-Workshop teilnahmen. Ich bin mit diesen Menschen auf ungewöhnliche Weise verbunden, sei es als Teil der Magie, die in einer guten Gruppe präsent ist, sei es als Teil des Mysteriums der Wunder. Abgesehen von Sage, die kein Problem damit hat, dass ich ihren wahren Namen verwende, habe ich die Anonymität aller Teilnehmer gewahrt, wie ich es ihnen versprochen hatte.
Am Anfang waren wir Fremde. Weil sich aber jeder Teilnehmer des Workshops mutig offenbarte, sind wir am Ende Freunde geworden, die einander vertrauten und sich umeinander kümmerten. Ich weiß, dass man die Identität von Menschen nicht preisgeben darf, zumal deren Geschichten auch mit den Geschichten anderer Menschen zusammenhängen. Die Anonymität schützt

die Unschuldigen wie die Schuldigen und belässt den Menschen die Privatsphäre, die sie zu Recht verdienen.
Wunder sind etwas Sensibles.
Für ihre Freundlichkeit in vielen Bereichen – etwas Seltenes in einem Unternehmen – danke ich den Mitarbeitern von Simon & Schuster. Als ich zum ersten Mal mit Colin Fox, meinem Lektor, über dieses Buch sprach und darüber, wie Wunder vollbracht werden, verstand er mich sofort. Er fand das Buch aufregend. Die Lektoren Michele Bové und Colin Fox erlaubten mir, zusätzliche Geschichten aufzunehmen, und verschoben den Abgabetermin. Sie ermöglichten es damit, dass aus einer Geschichte über mich ein Buch über uns alle wurde. Das kam diesem Buch erheblich zugute. Beim Redigieren des Manuskripts leistete Michele einen eindrucksvollen Beitrag. Ihre Arbeit bereicherte dieses Buch sehr, und dafür bin ich ihr wahrhaft dankbar.
Am Ende danke ich David Vigliano, meinem Agenten, durch dessen unermüdlichen Einsatz aus einer Idee ein Buch wurde.